U0906457

“真光之爱、自能发展”真光教育研究丛书编委会

主　编：荀万祥

副主编：唐双同　李延彬　谢虎成　赵秉乾

《聚焦教育中的“真”热点：教学策略》编委会

主　编：谢虎成　郑思东

编　委：谢富强　何珏彤　周光新　吴炳泉

罗步操　刘远双　江健初

“真光之爱、自能发展”真光教育研究丛书　　丛书主编：荀万祥

聚焦教学中的“真”热点

教学策略

谢虎成　郑思东 ◎ 主编

暨南大學出版社
JINAN UNIVERSITY PRESS

中国·广州

图书在版编目（CIP）数据

聚焦教学中的“真”热点：教学策略 / 谢虎成，郑思东主编. — 广州：暨南大学出版社，2016. 6
（“真光之爱、自能发展”真光教育研究丛书 / 荀万祥主编）
ISBN 978 - 7 - 5668 - 1853 - 9

Ⅰ. ①聚… Ⅱ. ①谢… ②郑… Ⅲ. ①中学—教学研究—文集 Ⅳ. ①G632. 0 - 53

中国版本图书馆 CIP 数据核字（2016）第 113750 号

聚焦教学中的“真”热点：教学策略
JUJIAO JIAOXUE ZHONG DE “ZHEN” REDIAN：JIAOXUE CELUE
主编：谢虎成　郑思东

出 版 人：徐义雄
策划编辑：刘碧坚
责任编辑：李倬吟
责任校对：郭海珊
责任印制：汤慧君　王雅琪

出版发行：暨南大学出版社（510630）
电　　话：总编室（8620）85221601
营销部（8620）85225284　85228291　85228292（邮购）
传　　真：（8620）85221583（办公室）　85223774（营销部）
网　　址：http://www.jnupress.com　http://press.jnu.edu.cn
排　　版：广州尚文数码科技有限公司
印　　刷：深圳市新联美术印刷有限公司
开　　本：787mm × 960mm　1/16
印　　张：12.75
字　　数：248 千
版　　次：2016 年 6 月第 1 版
印　　次：2016 年 6 月第 1 次
定　　价：38.00 元

（暨大版图书如有印装质量问题，请与出版社总编室联系调换）

总 序

广州市真光中学创办于1872年，是岭南办学最早的学校之一。学校坐落在珠江之滨、白鹤洞山顶，占地面积79 739平方米，建筑面积61 006平方米，是首批广东省国家级示范性普通高中，首批广东省教学水平优秀学校，首批广东省中小学校长工作室主持人学校，首批广东省德育示范学校。学校培养了著名华人女政治家陈香梅、中科院院士郑儒永、岭南著名书画家苏华等一大批杰出人才。学校现有教职工248人，其中专任教师237人，特级教师3人，中学高级教师103人，研究生学历60人。多名教师荣获国家、省、市各种荣誉，是广州市教师奖等次最高、类别最多的学校之一。2002年办真光实验初中，2003年办真光中英文小学，2010年复办真光中学初中部。前贤筚路蓝缕，以启山林，今人当承前启后，薪火相继。

学校在2010年1月正式向广东省教育科学规划办申报并批准立项了“十一五”规划课题，通过五年的深入研究和实践取得了丰硕的成果。研究界定了真光教育核心内涵及其呈现的行的文化、爱的文化、创造建设文化、级社文化四大方面的具体内涵。我们认为真光教育研究的核心定位为“用一个爱字传承发展真光的四大文化；用一个真字构建真光的理念体系；用一个宽字打造真光的E+1型课程体系；用九大行动计划来推动真光教育”。

通过研究我们确立了“以人为本，求真创新”的办学理念。根据“求真”二字，把德育理念确定为“爱国、爱校、自爱”。根据“人本”二字，我们把管理理念确定为“科学化、数字化、人性化”。根据“创新”二字，我们把教学理念确定为“切问近思、主体发展”。

在课题研究中，我们充分认识到“真光教育”的核心是“真光爱”——“爱即真光，真光即爱”。同时建构了“宽银幕+特色课程（香梅特色、大成智慧课程）”体系。

通过五年的努力，课题研究取得了一批有学术价值的成果，至课题立项以后，学校的教育教学质量不断上升。为加强优秀成果的交流与推广，让更多人得惠于此，营造更加浓厚的教研氛围，促进教师专业水平提升，推动学校内涵发展，我们从老师们撰写的论文中，撷取一部分编印成“‘真光之爱、自能发展’真光教育研究丛书”，感谢老师们这段时间的辛勤付出。

本丛书共三本，第一本《探讨教育中的“真”理念：教育主张》收集了老师们的个人教育教学见解和主张，第二本《聚焦教学中的“真”热点：教学策略》列举了老师们在教学中运用的各种策略、方法，第三本《解构课堂中的“真”问题：课堂艺术》彰显了老师们独特的课堂艺术和智慧。

由于时间仓促，加之篇幅有限，还有许多老师的优秀成果未及收录，是为憾！

编　者

2016 年 3 月

目 录

诗情满怀关不住，乐为衣裳诵为容

——新课标下高中古典诗词教学模式初探

黄丽华

【摘要】古典诗词是中华文化的宝贵遗产，它以精练的语言、丰富的意蕴傲然占据了中华文化宝藏的一席之地。然而在高中语文诗词教学实践中，存在学生不愿意学、教师不愿意教的现象。为了改变这种令人尴尬的状况，笔者在古典诗词教学实践中以“新课程理念”为指导，通过合作探究，利用配乐诵读，较好地带领学生探寻古典诗词所具有的独特魅力，体现了课堂教学的自主性与拓展性。

【关键词】新课程理念　高中语文　诗词配乐诵读教学

中国是诗的国度，古典诗词是中华文化的璀璨明珠。千百年来，古典诗词以精练的语言、丰富的意蕴傲然占据了中华文化宝藏的一席之地。它既有“愿得此身长报国，何须生入玉门关”的执着，又有“采菊东篱下，悠然见南山”的淡泊；它既有“在天愿作比翼鸟，在地愿为连理枝”的美好愿望，又有“朱门酒肉臭，路有冻死骨”的残酷现实。读着这些美丽的诗句总让人有如沐春风之感。好的诗词不仅能增进人的见识、陶冶人的性情，还能培养人的文化素养、提高人的审美能力。选入高中教材的古典诗词，大多是历经锤炼的名篇佳作。为了让学生既能有效学习古典诗词的精华，领会古人的思想，又能达成考纲中“能初步读懂欣赏浅易的古诗文”这一目标，“把教学过程看作师生为实现教学任务和目的，围绕教学内容，共同参与，通过对话、沟通和合作获得，产生交互影响，以动态生成的方式推进教学获得的过程”。

下面就以“新课程理念”为指导，结合笔者多年的合作探究经验，以学生发展为主体，充分发挥学生群体学习的作用，利用配乐诵读的教学实践来谈谈高中古典诗词的教学方法。

一、配乐诵读，感受诗意

中国古典诗词与音乐一直有如唇与齿的密切联系，它的语言具有很强的音乐感，读起来节奏分明、旋律优美。我国第一部诗歌总集《诗经》，里面就记载了鼓、瑟、钟、琴等多种乐器。这些乐器都很好地说明《诗经》里基本上是能和乐演唱的诗歌。又如《阳关三叠》，其在唐代就有把歌曲反复叠唱三遍的唱法；白居易的《琵琶行并序》中对琵琶声形象生动的描写；《孔雀东南飞》等汉乐府民歌和《木兰诗》等六朝乐府民歌也都是以音乐的形式唱出来的诗歌；唐朝李白的《关山月》等是当时著名的歌曲。由此可知，从《诗经》到唐诗宋词大多是可以配乐吟唱的。音乐与诗歌两种艺术形式，就像是一对孪生姐妹，它们相互影响，相互依存，在中国文学的殿堂熠熠璀璨，吸引着无数诗词爱好者。

我们知道，中国对国学越来越重视，诗词教学也越来越受关注，从《诗经》到唐诗宋词，我们领略了一枝又一枝艺术奇葩，要想学生能真正领略诗词中真、善、美的意蕴，体会到诗词带给我们的心灵震撼，就应让学生在学之前爱上诗词。怎样才能引起学生的兴趣，让他们有将本我融入意境的感觉？首先可以让他们有读诗就像熏陶在音乐殿堂里的感觉——以乐起兴。因音乐有使作品显得超凡脱俗的功能：它可以让人体会到作品文似看山不喜平的波澜起伏，可以较快地让人融入充满柔情画意或激昂澎湃的旋律中，可以让人融入情感于无声的诗意中尽享有声之美。基于此，教学前让学生在预习时先选择一些自己喜欢且能与这首诗相吻合的音乐。然后根据学生的推荐及笔者的理解，课堂上播放与这首诗意境相符的音乐：如《诗经》的教学，笔者选择了《高山流水》的背景音乐，《念奴娇·赤壁怀古》选择了《滚滚长江东逝水》的背景音乐，《归园田居》选择了《神秘花园》的背景音乐，《孔雀东南飞》选择了屠洪刚的《孔雀东南飞》的音乐，《离骚》选择了《离骚》的独奏音乐……诗词的字面是相对抽象的，而声音才是充满情感的，故诗词的教学最好遵循“乐为衣裳诵为容”的原则。在音乐的熏陶下，坚持以“读”为主。读的形式也可以是多样的，如默读、吟诵、自读、配乐读、一个接一个读、表演朗读等。“读”可以贯穿课堂教学的始终。因为，通过“读”可以让学生了解诗词的形式，更好地体味诗词的意境，揣摩诗人的心境，更好地掌握诗词的内蕴。换句话说，就是“读”能够把理解诗词的语言形式和语言内容融为一体。

笔者教学《念奴娇·赤壁怀古》时，在《滚滚长江东逝水》的音乐伴奏下，歌唱家雄浑的歌声与课文相同的历史内容可以使学生未进入词境就产生了一种深沉的历史厚重感，学生自然会设想：一代文豪苏东坡面对滔滔江水会抒发一种怎样的情怀呢？接着在背景音乐中可以让同学们带着以下几个问题进行男生齐读、一人领读、三人小组合作读、全班自由读。①文章是如何将写景与写史结合起来的？②词人为何钟情周瑜？③文章的情与景又是如何完美地融为一体的？学生在音乐的熏陶下朗读、品析，并结合诗文意象想象、描述画面，体味意境。有学生对写景的句子分析得很精彩：“杂乱高耸的石头直插天空，汹涌的浪涛拍打巨石发出雄浑乐曲的雄奇之景与金戈铁马的历史画面在眼前浮现。这时，抽象的语言文字在学生的脑海里变成了具体可感的既富动感也具声感的画面，学生自然而然就会投入自己的情感，进入词境。在这一学习过程中，学生吟诵、感知、聆听、想象、描述、分析，充分调动了多重感官，也充分体现了课堂教学中学生的自主性、拓展性。他们一步步走在诗人笔下的赤壁去看奇石峭壁，听波涛拍岸，与诗人一同长叹赤壁之险、之奇，真正地融入其内、沉醉其中。有了背景音乐的烘托，有了同学们的投入朗读，学生自主体验这首词的气势及意蕴，并在一遍遍的朗读中感受到文章的声韵之美、画面之美、建筑之美和意境之美。正是“诗情满怀关不住，乐为衣裳诵为容”。

二、和乐吟诵，感悟诗境

配乐诵读，整体感悟诗意后，再让学生通过和乐吟诵和默读，然后融入本我，用心感悟，找出反映诗人观点态度和思想感情的词句。如《山居秋暝》中，学生很容易就找到“随意春芳歇，王孙自可留”这一句，并能抓住“留”字进行分析。至此，学生也基本了解了作者对隐居生活的向往。其次，在和乐吟诵的过程中让学生借助意象，读出气韵——山水诗都借景抒情，让学生抓住诗歌的意象进行赏读，读出诗的气韵。《山居秋暝》所描绘的是一组活动连续、节奏均衡的镜头。写景富含诗意，充满动感与活力。借此指导学生披情入文，先以小组为单位合作找出相关的意象，再找出描写的词语，然后分析意象特点，最后根据描写的角度来进行探究赏读。以下是学生合作探究的成果：

意象——描写词语——意象特点——描写角度

山——空——空寂——时间、地点

月——明——明净——视觉

泉——清、石上流——悦耳——听觉

浣女——归——勤劳开朗——动态

……

让学生根据山、雨、月、泉、浣女等意象用优美的语言再现这幅生机勃勃的田园生活画：清风徐来，雨后传来了青草、荷花、树木的清香，山泉映着月光，勤劳美丽的浣纱姑娘们哼着轻快悠扬的歌声，穿过荷塘，拨弄莲叶，迎着皓月欢喜归来。可见王维多么憧憬这宁静、恬淡、纯朴的田园生活。学生若能根据诗中的意象把王维这首诗读出以上这些画面，笔者认为学生已读出了诗的清新之气、宁静之韵及作者的归隐之意了。高考题也可这样做。2009 年全国卷 1 考了姜夔的《次石湖书扇韵》：桥西一曲水通村，岸阁浮萍绿有痕。家住石湖人不到，藕花多处别开门。其中第一题是：这首诗描绘了一幅什么样的画面？是由哪些景物构成的？请简要叙述。按上面的方法来分析：

意象——描写词语——意象特点——描写角度

水——曲——绕村而流、清幽——视觉

浮萍——绿——色彩翠绿——视觉

……

用优美的语言抓住意象描绘图景画面：湖上烟波浩渺，湖岸林荫繁茂，湖水和溪流相接的岸边滞留着绿色的痕迹，一幅山环水绕、村阁隐然、浮萍泛绿、藕花飘香的恬静优雅的隐居风光图油然而生。从视觉与嗅觉等角度渲染出闲适雅寂清幽的石湖风景。

我们还可以在《高山流水》的音乐背景下和乐吟诵，要求学生联系作者思想、生平和写作背景知人论世，再加入自己对作者、作品的理解，将本我融入作品中进行赏读，在作品中寻找与诗人的共鸣。这时，教师可对王维作简单介绍：早期的王维有积极的政治抱负，后期因几经沉浮厌倦官场斗争，并开始吃斋奉佛，后来还特地在蓝田县的辋川建造了别墅，徘徊于隐仕之间。假想自己是作者，身处此景此境之中，心情该当如何？有的学生说要像姜太公钓鱼一样，等待时机；有的说既然已看透官场的尔虞我诈，倒不如一心追求宁静闲适。通过这样的客观分析，学生定能游弋在感性和理性之间，读出诗境。

三、以乐赏读，品味诗韵

在应试教育的氛围下，教师根据高考题型的模式让学生像拿着解剖刀一样去做诗词的剖析。最后，往往一首优美的诗词就被肢解成了几个条条框框。要走出这一教学误区，注意在尊重学生初读体验的基础上，充分激发学生的想象力和进一步品读探究诗文的兴趣，才是遵循学生学习规律的有效途径。在《唐诗五首》的教学中，笔者用以乐赏读的方式引领合作、以合作推动探究，指导学生对王维的《山居秋暝》进行诗歌赏读，让学生在诗的世界里、在诗的优美旋律中去做一次诗的旅行，去做一个美的聆听者。“在教育中应该尽量鼓励个人发展的过程。给他们讲的应该尽量少些，而引导他们去发现的应该尽量多些。”这个时候，对于节奏和韵律的把握就显得尤为重要。让学生把握好节奏，读出诗味，这是一次感性的解读，指导学生把握好诗歌的节奏及旋律，让学生间相互轻声地进行朗读。好的诗句之所以朗朗上口，就在于它依赖节奏的安排而表现出来的张弛疾徐，如《山居秋暝》的朗读可以先按音节来帮学生划分节奏：空山/新雨/后，天气/晚来/秋。这两句按“二二一”的节奏来朗读，如按平仄来分就是“平平平仄仄，平仄仄平平”，节奏刚好一一相对。然后再指导学生按意义来划分：竹喧/归/浣女，莲动/下/渔舟，这句根据对仗（主谓、动词、偏正一一对应）、意义要求，同学们按“二一二”的节奏来朗读，按平仄来分也是“平平平仄仄，平仄仄平平”，整首诗押 ōu 韵。平仄与押韵的结合，使诗歌读起来更悦耳动听，更具音乐感与感染力。

以乐赏读，让学生沉浸在品箫弄笛般的氛围中，选择自己最感兴趣的一点来谈感悟。苏轼说：“观摩诘之画，画中有诗，味摩诘之诗，诗中有画。”学生可自行为诗歌作曲兼演唱。也可让学生用绘画来对王维心中的桃花园进行大胆的创作，或是用自己优美的散文化的语言来再现诗的意蕴，也可抓住诗中某个字或某个词进行炼字炼句。学生赏析：“照”字赋予了明月以动感，它启示读者去体会那珠水晶莹的“动画”景象，写出月光倾洒的情态。一场秋雨之后，山泉水势必增，“流”字让我们听到了水石相激之声。这是充满动感的画，这是带有声乐的画。画中月色泉声，视听交织，可触可感。在诗人的笔下，不仅勾勒出了一幅恬静、淡远的秋色晚景图，还呈现出山水画难以表现出的动态美、声音美。当然，其中还有学生的情感美。

四、师生合作，提炼升华

合作讨论探究环节完成后是教师的点评及成果展示，最后通过成果来升华总结。“好的先生不是教书，不是教学生，乃是教学生学。”通过收集小组讨论交流的信息、成果，同学们把自己整理出来的方法思路展示给大家看。教师要以一个合作者的身份积极参与学生学习目标的确定，再进行点拨，教师点拨首先要给予学生充分的肯定及真诚地指出存在的问题；其次，针对学生讲得不好的地方，给出客观的建议；再次，简单评析诗歌的重难点，教给诗歌鉴赏的方法、规律；最后，客观、科学地对各小组进行综合的评价。虽然这样组织教学比较花时间，但它可使在交流自学成果的过程中，变单纯的“教师唱主角”为“生与生之间互学互补互助”；变僵硬单向的教师讲述、学生的被动接受为师生间的相互对话、学生间的相互合作，让学生充分地自主思考、自我启迪、自主学习、自主发展，从而快乐有效地获取知识。

在中学语文教学中，中国古典诗词教学绝非为了应付繁重的高考任务及单纯的文化继承传递，而应在于培养学生的文化素养、学生综合能力的获得及对学生心灵情感的“唤醒”，让学生从诗中感悟语文的纯美，洗去浮华，滤去杂质，纯净我们的心灵。也让我们用纯美的心携一份宁静在诗般的语文中发现美，感悟美，欣赏美，创造美。几年的配乐诵读、和乐吟诵，以乐赏读的乐为衣裳诵为容的教学尝试，让笔者收获了学生的认可，真正在课堂教学中体现了教师引领的主导作用及学生自主的主体地位。这样的师生角色定位，笔者相信它定能真正诠释出教为学服务的思想。

参考文献

［1］叶澜．重建课堂教学过程观——“新基础教育”课堂教学改革的理论与实践探究之二．教育研究，2002（10）．

［2］方元山．课堂教学改革研究．福州：福建教育出版社，2005．

［3］靳玉乐．探究学习．成都：四川教育出版社，2005．

［4］中国陶行知研究会．陶行知教育思想、理论和实践．合肥：安徽教育出版社，1986．

对比拓展策略在高中文言文教学中的运用

梁静雯

【摘要】文言文是语文教学的重要内容，是语文老师相当重视的板块。从教学上看，存在的问题有教学方法的选择与学生生活脱节；教学内容与学生生活脱节，造成教学效果不理想；教学目的预定脱离了学生的实际生活，导致教学效果不理想；教学内容狭隘，仅局限于教授教材等。这些方面严重影响高中文言文教学的有效性。使用对比拓展策略有助于学生在学习文言文的过程中建构起开放性、多元化的阅读背景，提高学习效果。

【关键词】文言文　对比　拓展　策略

文言文教学是中学语文教学的重要组成部分。文言文的教学既要重视对字词等基础知识的积累，又要在具体的阅读中灵活运用有关的知识；既要注意对优秀作品的诵读和背诵，又要运用现代的观念评价作品的价值和局限性。这与建构主义的理论是有契合点的。

建构主义学习观认为学习是一个积极主动的建构过程，学习者不是被动地接受外在信息，而是主动地根据先前认知结构注意和有选择性地知觉外在信息，建构当前事物的意义。对比拓展策略是指教师根据学生、教材、社会发展的实际，引导学生将相近或类似的文本进行对比，同时把文本由课内向课外延伸拓展，实行课内外有机整合的教学策略。

在文言文教学中，对比拓展策略具体可以采用以下方法。

一、同一题材同期文体对比

俄罗斯著名的教育家乌申斯基曾说：“比较是一切理解和思维的基础，我们正是通过比较来了解世界的一切。如果我们面前出现某些新东西，而我们既不能拿它同什么东西比较，又不能把它同什么区别开来……那么，我们就不能对它形成一种思想，也不能对它说出一句话来。”把两段或两段以上的文本放在一起，通过对其内容、形式、背景或思想等相似点进行分析、比较和鉴别，归纳出它们的相同点或不同点，达到加深文本内容理解，让思维迁移，拓展思路，开阔眼界的目的。通过对比，激发学生的思维，通过由此及彼，求同寻异，纵横比较，拓展延伸，能够加深学生对文章布局谋篇、人物形象、思想感情、写作技巧和语言特色等方面的理解，从而让学生较好地掌握所学知识，有助于提高学生的语文素养。

例如，在学《后赤壁赋》时，可以先回顾高一学过的《念奴娇·赤壁怀古》和《赤壁赋》，让学生初步建立苏轼及其生平经历的脉络线索。然后把《赤壁赋》和《后赤壁赋》进行对比。因为前后《赤壁赋》是两篇具有一定关联性的文章。前赋写的是壬戌年农历七月十六，在这个秋天的夜晚，作者在江中泛舟。后赋描写的是农历十月十五这个冬夜的晚上，苏轼的江中之游。两篇的写作时间相距只有三个月，写作的地点同样是在黄州的赤壁，写作的背景同是在月下大江之上。但是由于季节的不同、心境不同，描写的景物和抒发的情感也有所不同。前赋通过分析水和月之间变与不变的关系，辩证地指出了对于世间万物该如何“取”与“不取”，阐述了人类和万物同样是永恒的观点，表达了苏轼旷达乐观的人生态度，体现了悟理释怀之乐。后赋通过借助飞鹤的神来一笔，包含了浓重的消极情绪和虚无色彩，表达了作者希望摆脱现实生活中的苦闷，但又无法真正解脱的痛苦。教师在引导学生对文章进行分析对比之后，最后用余秋雨的《苏东坡突围》、林语堂的《苏东坡传》作为补充资料，加深学生的理解。通过这种方式，学生学到的不是零碎的知识，而是形成了对人物形象、文章内容的整体理解。更为重要的是教会学生一种学习的方法、一种思维的方式，这就可以让学生把思维拓展得更宽更广，看待事物的眼光也会更长远。

二、同一题材古今文章对比

求同和求异是思维的两个方面。两者共同合作，可以突破原有的认知模式，获得创造性的认识，思维也会变得更加广阔。将同一题材的古今文章进行对比，可以有效促进学生在阅读中拓宽知识体系。

案例片段：笔者教授《项羽本纪》课堂实录

师：前面，我们讨论了《鸿门宴》和《项羽本纪》在题材、内容、思想等方面的异同。下面，我们也通过对比三位作家的作品，看看他们对项羽的看法是否一致。

请大家翻到课后的拓展练习，阅读杜牧的《七言绝句·题乌江亭》、王安石的《七言绝句·乌江亭》、李清照的《夏日绝句》。他们对项羽的看法是什么？各有什么侧重？

生全体阅读。

师：大家阅读后，可以进行小组讨论，互相发表看法。

生小组讨论。

师：大家讨论后，不知道有什么结果？你可以就其中一首诗来谈，也可以整体谈。

生1：杜牧在诗中认为，项羽是可以卷土重来的。因为胜败乃兵家常事，只要忍辱负重、重整旗鼓，定能东山再起，再成霸主。

生2：李清照的诗充满了对项羽的思念，认为人要讲求气节，活着要干一番轰轰烈烈的事业，死了也要气壮山河。这可能跟李清照遇人不淑的情况有关，而王安石的诗中认为民心和形势决定了战争的胜负。历史的规律是不可违背的，项羽不可能再次成就事业。

师：大家对三位作者的看法都讲得很不错，能不能分析三首诗是从什么角度来评价的？

生3：第一首是从打仗用兵的角度来评价的。第三首是从人民对战争看法的角度来评价的。

生4：第二首是从做人要有所坚持、要有理想的角度来评价的。

师：根据同学的发言，老师就来总结一下三首诗歌的评价角度。杜诗是从民心向背的角度来评价的；李诗是从节操（气节）角度来评价的；王诗是从兵家用兵的角度来评价的。

通过评价，我们就可以发现，对于同样的人物，作者看问题的角度不一样，对人物的评论也不一致。

除了这三位作家对项羽的评价之外，大家课下可以看一看毛泽东的《七律·人民解放军占领南京》，看看他的评价是什么。也推荐大家阅读河南大学王立群教授的《王立群读〈史记〉之项羽》一书或者观看《百家讲坛》相关的节目，看看王教授的观点又是什么。

采用比较阅读这种教学方式能够丰富学生的知识体系。在求同中，进行甄别、筛选和提炼，找出几文的共同特点，揭示一般规律，归纳不同文本的相同点；在求异的过程中，从现象入手，分析、剖析材料，弄清各自表达的内容，从而找出各自的个性，发现不同文本的区别之处。

三、同一题材不同分析的对比

每个人在阅读文本时所产生的感觉、想法不尽相同，由此也就难免产生不同的见解。作为教师，可以抓住这些评论，引导学生展开思维对比和拓展。这样不仅可以有效地引导学生回顾文本，还能够让学生根据不同评价提出自己赞同或反对的观点，并找出依据来支持自身的观点。依据的确立不仅仅局限于文本，还可以上升到历史层次、哲学方面等，这就有效地促进了学生能力的发展。

例如，《郑伯克段于鄢》一文中，人们评价郑庄公，一般都认为他是个阴险狡诈、老谋深算、胸有城府、工于心计、六亲不认的暴君；但也有人认为他能够及时认清共叔段的阴谋，采用以不变应万变的计策，养精蓄锐，等待时机，不为血缘关系所限制，是明君。这两个观点颇具争议性，需要学生根据课文中对人物的描写得出结论，并根据自己的经验组织理据，方可言能服人。

又如在《陈情表》中，有论者认为，李密反复强调要侍奉祖母，报答养育之恩，其实是为自己不奉诏出仕晋朝而故意寻找借口。由此可以向学生提出问题：“你同意这一观点吗？为什么？”学生可以从同意的角度，分析李密对蜀汉是念念不忘的。当时的司马氏是以屠杀篡夺取得的天下，李密身为亡国之臣，对出仕新朝就不能不有所顾虑。但是他这种想法多少被晋武帝察觉到了，因此“州书切峻，责臣逋慢”。这就使李密在“再度表闻”时产生了更大的困难。然而李密抓住“孝”这个字大做文章，不从大道理讲起，而是委婉陈辞，动之以情，恰到好处地解决了“不从皇命”的难题。当然，学生也可以从否定的角度分析，李密反复强调“孝”绝不是为其不奉诏出仕晋朝而故意寻找借口，他是真心要终养祖母才难以应诏的。他的孝心不是虚伪的，而是充满了孙儿对祖母的一片真情的。

四、联系生活，拓展运用

第一，要赋予文言文一定的现实意义。文言文记录的是古代的事情，它似乎与现代没有太大的联系，也很难说有什么现实意义了。但实际上不是这样。若细加体会，我们会发现文言文中的很多内容还是与现代社会的现象有不少相似之处的。要是我们能够跨越时空的局限，通过创造性思维，用现代社会意识反思、关照文言文教学，就可以缩短学生与文言文的时空距离，缩小学生与文言文的心灵差距，让学生觉得文言文并不是距离现实的生活很遥远。学好文言文既能够提高自己的思想道德修养，又有利于增强为人处世的能力。

正如荀子在《劝学》一文中提出了学习方面上“学不可以已”的建议，对于今天的我们依然具有极大的启发作用。阅读文言典籍，可以了解孔子、孟子的儒家思想；庄子“无为”的大智慧；陶渊明“不愿为五斗米折腰向乡里小儿”，毅然“归去来兮”；贾谊《过秦论》“仁义不施，攻守之势异也”的以史为镜的劝讽；苏轼面对艰难的黄州生活，依然怀有“也无风雨也无晴”的洒脱；归有光写《项脊轩志》抒发“多可喜，亦多可悲”的人之常情……学生很容易就会发现，文言文中所学的知识与现实生活不是脱节的，而是一脉相承的。学习文言文，学生不单纯是在情感上得到灌溉，对品格的塑造也有很大的作用。这样，高中生在文言文学习中，收获的不仅是枯燥的文言基础语法系统，还学会了去关注文本中所蕴含的思想文化方面的巨大价值，学会把文本的知识与现实相联系，从而获得心灵的启迪。

第二，应该把文言文的学习与现实情况加以联系。文言文的语言虽然已经不是现在的通用语言，但它记录的内容并没有与我们的现实生活相脱节，还跟日常的生活有着紧密的联系。令人赞叹不已的五千年中华文明就是借助它记录、流传下来的，它是世界遗产中巨大的精神财富之一。在文言文中包含了前人深邃的智慧，蕴含着他们对人生宇宙的感悟，并包罗了对社会、文化、历史的介绍。从学生角度而言，吸收这些精华并把它们融入自己的知识体系，将会成为一生中难以用金钱来衡量的精神财富。

案例片段：《师说》

师：《师说》这篇文章讲的是关于向老师学习的问题。下面我们来总结一些文中提到的各类学习者。

生思考。

生1：有好学者，如李氏子蟠；有嘲讽打击学习的人，如士大夫之族。

生2：有耻学者，如今之众人；有不以学习为耻的人，如巫医乐师百工之人。

生3：善于学习的人，如古之圣人。他们不以向不如他们的学习为耻。

师：除了文中提到的这些学习者的学习情况，我们还可以想想平时的学习中还有哪些情况。

生4：有装作勤奋学习的人，平时根本不是在学习，书桌上却摆满了书，还在别人面前假装忙碌地“看书”，实际上心早已飘到九霄云外。

生5：有死读书的人，读书只知道记住东西，不懂得运用，是名副其实的“书呆子”。

生6：有爱好学习的人，他们不仅喜欢学习，而且有一套正确有效的学习方法，还善于发现问题，常常向老师请教；有持之以恒的人，他们以活到老、学到老为目标，终身持续地学习，不断汲取新的知识。

第三，要引导学生进行拓展运用。学习不单是知道课本上出现的知识，还要引导学生发现生活中的类似情况，进行拓展运用。例如，在《鸿门宴》中有一处关于宴会座次的描写，可以引导学生思考：平时的宴会上有没有这样的情况？它跟文中的座次安排有没有矛盾的地方？学生通过自己的回顾，可以发现鸿门宴的座席安排实际上是项羽向刘邦示威的一种表现。在给学生们介绍了古代座次的尊卑情况之后，补充一些礼仪知识，学生知道了在平常的宴会中座次也是有讲究的。比如学到古文中的谦辞时，又会引导学生留意对长辈、朋友、晚辈怎样说话用词才是得体的。对于这些知识，学生们都很感兴趣，经常在下课后讨论他们在生活发现的文化问题。通过互相交流，学生积极观察、思考相关问题，有效地解决了古诗文与现代隔离的情况。

又如，在教授《〈论语〉选读》时，不是大而空地阐述儒家的伦理思想，而是将书本上的内容与学生的现实生活联系起来。如讲到“不义而富且贵，于我如浮云”时，可以引导学生联系接二连三出现的“苏丹红”“三鹿奶粉”“地沟油”“毒大米”事件进行分析，谈谈在这个功利的现实社会中，如何处理“义”和“利”的关系。

参考文献

[1] 曹明海. 语文教育智慧论. 青岛：青岛海洋大学出版社，2001.

[2] 崔干行. 教师笔记：对广东语文教育的调查与思考. 广州：广东人民出版社，2002.

[3] 蒋元龙. “比较法”教学初探. 中学语文教学参考，1994（11）.

[4] 杨志梅. 中学文言文教学方法研究. 上海：华东师范大学，2008.

[5] 王义清. 中学文言文教学的调查与思考. 呼和浩特：内蒙古师范大学，2004.

[6] 张大均. 教育心理学. 北京：人民教育出版社，2004.

在古典诗歌的教学中指导自学

夏润文

【摘要】古典诗歌短小精炼而又意蕴丰富，在有限的课堂时间里，教师应进行有效的指导，引领学生借助已有的知识框架，逐步形成对新诗歌的认识，培养自主赏析诗歌的能力。

【关键词】古典诗歌　自学指导　建构主义

笔者曾在学生 QQ 签名上看到这么一句话："学生手机上网的流量和耗电量，取决于老师上课的精彩程度。"这句话虽然是一个玩笑，但也值得身为老师的我们深思。何谓"精彩"？关键还是要能吸引学生的注意力，激发学生学习的主动性，加强对学生的有效指导，让学生成为学习的主人。

古典诗歌是我国文化艺术的一朵奇葩，有着和谐的形象之美，又有着丰盈的思想之美。国学专家周汝昌认为，诗歌的欣赏讲究的是"诗者的心""讲者的心"和"读者的心"三心的交感相通。诗歌的欣赏需要反复揣摩体会，让美的形象在学生脑海里描绘，让美好的感情在多次学习中内化。因此，教师要搭建桥梁，指导学生与诗人沟通，鼓励学生与教师沟通，从而领悟诗情，培养诗歌鉴赏的能力。

同时，学习应是一个过程，建构主义认为，"学习是构建内在的心理表征的过程，学习者并不是把知识从外界搬到记忆中，而是以已有的经验为基础，通过与外界的相互作用来构建新的理解"。因此在诗歌教学中应关注学生学习过往的经验，教师应搭建桥梁指导学生借助旧的知识能力来构建新诗歌的认识。

在认知理论中，瑞士心理学家皮亚杰提出的著名"认知结构说"强调认识过程中主体的能动作用，强调新知识与以前形成的知识结构相联系的过程，表明了只有学习者把外来刺激同化进原有的认知结构中去，人类学习才会发生。因此，在教师指导学生自学阶段，要充分考虑学生原有的知识结构，指导学生如何去自学诗歌。这样，学生的自学是有方向的、有序的、有方法的，学习任务是具有整体性的，以旧知识带动新知识的学习，学生才能在学习中积累成就感，内在的学习动机才能得以激发。

指导自学的策略有：

（1）指导知人论世，目的是鼓励学生激发自学的欲望和兴趣。从历史名人的评价来激趣，从诗歌有争议的地方来设疑，从介绍诗人的生平、特点来点拨等。如学习《念奴娇·赤壁怀古》时，可以介绍苏轼《寒食帖》中书法的运笔，理解苏轼心境的悲怆，同时结合《定风波·莫听穿林打叶声》中的“一蓑烟雨任平生”来感受苏轼的潇洒。这样，学生对词人感受就比较立体，而不是单纯的“豪放派”三个字了。对诗人诗作的适当介绍，拉近了学生与诗歌的距离，为“自学”做好铺垫。

（2）指导诵读。古人云：“诗读百遍，其义自见。”在先学阶段，首要是引导学生自由诵读，鼓励学生大胆多次诵读，对“诗眼”处、重点处和质疑处进行圈画。强调通过揣摩诵读的语气、轻重、节奏来领悟诗歌的感情。如在学习李清照的《声声慢·寻寻觅觅》时，可以指导学生对比诵读初中学习的《武陵春·晓春》，借此体会诗人内心深处的哀愁。因此，自由诵读就是让学生通过对音韵的体会直接与诗歌进行交流。

（3）指导衔接初中的学习经验，指导学生用自己的话来翻译诗歌，让学生用优美的语言描绘诗中的景象。实际上就是培养学生的想象力，使其在潜移默化中感知中国诗歌“诗画一体”的特点，披景入情，借想象的感性思维来领悟诗情。也可指导学生从动词、形容词、副词等角度进行炼字，从意象来突破对诗歌的理解等。如学习《山居秋暝》，学生通过抓住“空山”“新雨”“明月”等意象，即可领悟秋山的宁静之美，领悟诗人的愉悦心情。

（4）指导学生设身处地地感受诗人的心情。如在学习《山居秋暝》时，学生或许难以体会隐逸山林的愉悦。教师可以引导学生在大考后，放下沉重的书包，扔下一摞摞的试卷，跑去白云山呼吸新鲜空气，体会青山绿水时的心情。这样，学生可以根据自己相似的生活经历来体会诗歌的感情，来与之产生共鸣，实现情感的内化。又如学习《梦游天姥吟留别》时，学生大多赞叹诗人李白“安能摧眉折腰事权贵，使我不得开心颜”的不屈精神。但仅仅停留在赞叹层面，和诗人的心灵是有隔阂的。引导学生想象如果自己每天都要嬉皮笑脸地讨好别人，要看别人的脸色行事，心情是如何的，学生就能体会到诗人追求真我、追求自由的人格魅力。类似经验的对接，可以使得学生更好地贴近诗歌，体会诗歌当中的精神魅力，接受美的熏陶。现在很多人感叹当下的学生缺乏真情实感，那是因为学生大多活跃在表面的喧嚣与热闹，缺少对内在精神的感知。在学习诗歌的过程中，就是引导学生感受诗歌美好情感的好机会。在读诗的过程中，可以借诗歌恒久的生命力，来弥补自身感情经验的不足，来丰富自己的情感世界。

很多时候，学生在自学中提不起兴趣，主要是因为找不到自学的路径。自学不是放任学生盲目地去摸索，而是授之以渔，让学生找到与文本沟通的方式，找到欣赏文本之美的钥匙。这样的自学才是有效的，学生才是有成就感的。

参考文献

[1] 周汝昌. 千秋一寸心. 北京：中华书局，2006.
[2] 张景焕. 教育心理学. 济南：山东人民出版社，2010.
[3] 吴功正. 中国文学美学. 南京：江苏教育出版社，2001.
[4] 郑桂华. 语文有效教学. 上海：华东师范大学出版社，2008.

整合·梳理·挖掘

——浅谈新课标背景下语文教材有效使用的策略

林蕴瑜

【摘要】根据新课标精神，面对新教材，每一位教育工作者都必须树立“用教材教，而不是教教材”的新教材观，要不拘格套，打破固定的结论和传统的形式及方法，灵活、高效地处理教材。本文围绕上述问题，提出了“整合、梳理、挖掘”三大策略，并附以相关教学示例来阐释，试图对“如何有效使用语文教材”表达笔者个人的理解和观点。

【关键词】语文教材的有效使用　整合　梳理　挖掘

教材是指教师为实现一定的教学目标，在教学活动中使用的，供学生选择和处理的，负载着知识信息的一切手段和材料。《普通高中语文课程标准（实验）》指出：“教师应创造性地理解和使用教材，积极开发课程资源，灵活运用多种教学策略，引导学生在实践中学会学习。”过去传统的语文教材观使教材成为主导教学的唯一具有权威意义的蓝本，语文教学就是教语文教材。新课标则强调语文教学与生活的关系，强调实际语言运用能力的培养，强调教材只是教语文的材料，要“用教材教，而不是教教材”。因此面对新教材，我们必须谨记新的教材观，对教材的意义和价值进行重新定位，同时要不拘格套，打破固定的结论和传统的形式及方法，灵活、高效地处理教材。

教材处理的基本原则就是要简化教学头绪，优化教学内容。如何优化教学内容、有效使用新教材呢？笔者认为，根据新课标中教材观的指引，可通过运用“整合、梳理、挖掘”的策略来达到有效使用新教材的目的。

一、整合教材内容，改变教材内容呈现的形式，最大限度发挥教材的使用价值

新教材的课文内容相对独立和零散，教材内在知识结构又纵横交错，这让教

师在处理教材时有了弹性的实施机制。整合教材内容，就是在相对独立、零散的课文内容之间寻找互为关联的知识点，使之成为有机的教学内容。

1．通观全局，把准脉络

整合的一般策略有“根据主题整合”“根据写作手法整合”，可在单元内整合甚至跨单元整合，前提是教师要对教材有整体观，把准整合对象之间的内在关联点。

以粤教版必修一第三单元的整合为例。这一单元是散文单元，包括六篇散文：朱自清的《荷塘月色》、冰心的《霞》《我的家在哪里》、张洁的《拣麦穗》、史铁生的《我与地坛（节选)》、余光中的《沙田山居》。这六篇散文整合的条件是什么呢？细读这些文章，可以发现它们在主题上都有相似的脉络，用两组词概括为“精神家园的追寻”和“超越”。《荷塘月色》中的月下荷塘是朱自清要寻找的暂时超越现实苦痛生活的精神家园；《霞》中冰心借晚霞表达她超越快乐与痛苦的对生命的达观；《我的家在哪里》通过梦牵引出冰心对超越尘世名利争斗而充满人类最原始的亲情和温馨的精神家园的呼唤；《拣麦穗》是张洁对超越了年龄界限、纯粹洁净的人类美好情感的追寻；《我与地坛》中的古园是启发史铁生超越生死的精神家园；《沙田山居》表达的是余光中试图做山人，超越尘世却乡愁难遣，无法停止对故国家园眷念的游子情，故国家园的一切才是诗人精神的一切。因此，采取主题式整合，让学生紧抓“精神家园的追寻”和“超越”这两大脉络，来寻找作者们的精神家园和他们的超越，打通课文间的“经脉”，学生对课文的理解就会更深刻，类似的文章阅读就能举一反三。

这六篇散文中，《荷塘月色》《我与地坛》《沙田山居》都是借助景物描写来表情达意的，《霞》则是通过对霞的认识来思考生命的哲理，前者是借景抒情，后者是托物言志。通过写法上的整合，学生首先对这两种写作手法的运用、区别就有了一定的认识，再结合上面的主题，探索散文是如何抒发情感、表达心灵的。这样一来，看似抽象的内容，经过整合处理后，在学生看来应该是比较容易理解的。

类似整合的示例还有很多，粤教版必修二第二单元中的《沁园春·长沙》《再别康桥》《雨巷》也可按此处理。这三首诗歌的作者在创作诗歌时都处于各自的花样年华：毛泽东、徐志摩 32 岁，戴望舒 22 岁；在诗歌中都出现了与水有关的意象。由此可以发现三首诗歌都是通过一方充满灵性的水域来抒发青春情怀的。这样，教师就可以指导学生以此脉络来理解同中有异的诗情：《沁园春·长沙》中，诗人借助湘江的中流抒发改造旧世界、主宰苍茫大地的豪情壮志；《再别康桥》诗人借助康河的柔波来表达他对自由自在、安闲性灵的精神家园的向往；《雨巷》中，诗人在烟雨朦胧、细雨微茫的雨巷中寄托他飘忽不定的愁闷和徒劳追求的空寂。除了主体意象外，三首诗歌还通过其他丰富的意象来表情达意，让诗歌充满美的张力。如何运用意象来抒写心灵，这三首诗歌做出了典范。

因此，通观全局，把准教材课文之间的内在关联点进行整合，不仅能充分发挥教材的使用价值，也使课程工具性与人文性统一的特点得以充分的展现。

2．化零为整，形成体系

这一策略主要是针对粤教版教材在很大程度上是按文体来划分单元的特点而提出的。教师在对同一文体展开教学前，可对这一文体的基本特点、发展概况、著名流派及代表人物做简单的介绍；或者在教学时就某个流派或某个代表人物进行专题学习。这样可使学生对所学文体有一个整体、清晰的认识，避免出现“只见树木，不见森林”的情况。这一策略的实施对古典诗歌的教学尤为重要，因为学生对古典诗歌的认识最为陌生。

必修三第四单元是古典诗歌单元，所选的诗歌由唐诗、宋词、元曲三大板块组成，教师在教学前可对这三种诗体在体裁特点和分类的基本知识上做简单的介绍。以唐诗五首为例，所选诗歌基本上给学生勾画了唐诗发展的脉络，笔者在教学前给学生专门开设了一个名为“走进唐诗”的小专题，在这个小专题里首先给学生讲清“诗”这一体裁的基本分类，然后对唐诗发展的四个重要时期里的重要流派及代表人物进行基本勾连：初唐时期的初唐四杰—盛唐时期的山水田园诗派、边塞诗派、浪漫诗派、现实诗派及其代表人物—中唐的“元白”“韩孟”诗派—晚唐的“小李杜”。这样学生在学习唐诗之前首先对唐诗有了面上的整体感知，也为学生在高二选修《唐诗宋词元散曲选读》做知识的铺垫，帮助他们在选修的学习中自然形成一个相关的知识网络而不是零散的知识点。

而在《唐诗宋词元散曲选读》的教学中，因为有了前面必修三的诗歌知识铺垫，所以在选修时，教师不妨将教材“化零为整”大胆地展开专题教学，如根据学生的实际情况展开“王维与山水田园诗研究”“李白与李商隐诗歌比较研究”“杜甫诗歌欣赏”“婉约词与豪放词比较研究”等，通过这类专题的开设，让学生对某个诗人或某个流派的特点、风格理解得更为深刻，同时也能更有效地提高学生的鉴赏能力。

二、梳理教材内容，利用教材资源训练写作能力

叶圣陶曾指出：“国文教学自有它独当其任的任务，那就是阅读与写作的训

练。”课文对写作具有示范和导向作用，在教学过程中，可以把引导学生揣摩、寻找并归纳、概括文章所显现出来的“共同法则”作为写作指导内容，让学生觉得有章可循，为举一反三打好基础。同时，针对高中学生学习任务繁重、“巧妇难为无米之炊”等情况比较严重的问题，教师可以指导学生对所学课文进行梳理，借用课文内容为写作资源，直接以课文内容入篇。

1．以读促写，举一反三

教材中的课文通常是词句以及整篇的文字所体现的词法、句法、章法等“共同的法则”和“共同的样式”，教师对于这些有“共同法则”的典范文章应引导学生去发现、对比、总结，以此来培养和规范学生的写作意识。

如必修一第四单元中的《归园田居》和《上邪》就给学生提供了两种表情达意的写作手法，教师在实施整合策略的基础上，再有意识地实施“以读促写”的策略便能收到事半功倍的效果。在教学过程中，教师可引导学生去发现、比较这两首诗歌在写法上的不同点：前者是通过“榆柳荫后檐，桃李罗堂前。暧暧远人村，依依墟里烟。狗吠深巷中，鸡鸣桑树巅”这一宁静、清新、安详又充满生机的田园风光图来表达诗人对无拘无束的田园生活的热爱和对官场生活的厌恶；后者却是主人公毫无掩饰地表达了对男子的爱慕、对爱情的忠贞。然后再从不同点来总结：前者的抒情手法是“借景抒情”，后者是“直抒胸臆”，并通过这两首诗歌展示两种抒情手法各自的妙处。最后让学生尝试运用这两种抒情手法通过诗歌的形式来表达自己对某一人物或事物的情感。不少学生在写完后兴奋地发现原来学会抒情是一件多么让人舒心、畅快的事。

又如在必修一第一单元，笔者以《北大是我美丽羞涩的梦》为写作蓝本，结合“点击链接”中“讲述自己的故事”的内容，指导学生写自述散文，让学生通过阅读课文，发现、归纳写好自述散文的要点，然后模仿着课文写一篇自述散文，并在全年级征集优秀自述散文汇编成作文集。这样的策略极大地激发了学生的写作热情，并使他们认识到教材内蕴含着无数的知识宝藏。

2．善于“拿来”，丰富素材

“问渠那得清如许，为有源头活水来。”如何让学生在肩负繁重学习任务的同时又能积累丰富的素材呢？教材是宝贵的资源，教师要指导学生学会利用教材内容作为自己的作文素材。“拿来”策略的实施主要是“主题梳理”和“课文人物事例整理”。

“主题梳理”可以就一篇文章内容可涵盖的主题而言，也可以对主题相关的几篇课文进行梳理、归纳；“课文人物事例整理”是指对课文中的作者、主人公的相关事例做收集、整理，形成课文人物系列。

以必修一的两篇课文为例，从中可以分别梳理不同的主题词：

（1）《朝抵抗力最大的路径走》中孔子为实现改革世界的抱负，毕生东奔西走，席不暇暖，在陈绝过粮，在匡遇过生命危险，但他不达目的誓不罢休。面对隐者的嗤笑，孔子道出了平生最沉痛、最伟大的话：“鸟兽不可与同群，吾非斯人之徒与而谁与？天下有道，丘不与易也。”

（主题词：①责任　②坚持　③意志力　④理想、目标　⑤实践）

（2）《“布衣总统”孙中山》中孙中山求见推行新政的张之洞，可张之洞回一名片，背面写着“持三字帖，见一品官，儒生妄敢称兄弟”。孙中山明白这是张之洞嫌他不恭，不肯买账。血气方刚的孙中山来了个照“礼”回敬，在名片背面又写上“行千里路，读万卷书，布衣亦可傲王侯”，胸有韬略，豪气干云，张之洞见了，也不得不叹服，立即吩咐迎见孙中山，并以大礼相待。

（主题词：①尊重　②针锋相对　③自信　④平等意识）

对主题相关的几篇课文进行梳理、归纳：

忧国忧民、爱国情怀：《离骚》（屈原）、《过零丁洋》（文天祥）、《出师表》（诸葛亮）、《春望》（杜甫）、《登高》（杜甫）、《茅屋为秋风所破歌》（杜甫）、《岳阳楼记》（范仲淹）。

学习态度和方法：《论语六则》《荀子·劝学》和韩愈《师说》。

通过梳理，学会合理“拿来”，学生面对作文题目时就能在教材的知识网络里做出条件反射，将课文的内容充实到自己的作文素材中去，既高效又实用。比如，有的学生在写以“选择”为话题的作文时，以苏武作为作文素材写就了一篇文质兼美的好文章《苏武的选择》：“……卑鄙的匈奴人知道你终不可胁，欲将你置之死地，流放北海。你摇身变为流浪的牧羊人。黄沙漫天，北风吹狂，大雪纷飞，雨打浪拍，你啮雪、吞毡、掘野鼠以活命，连匈奴人也以你为神。肉体的折磨、精神的隔绝，也改变不了你的选择、磨不掉你的意志。大雁纷飞，年复一年，你只有把思念寄托于南飞的大雁，只有把愁思倾诉给羊儿。这是你无悔的选择，这是你不灭的信念，这是你永恒的忠贞……”也有的学生在以“如果……”为题目的作文中巧妙地化用了课文《再别康桥》的“河畔的金柳”和《故乡的榕树》的内容，写成了名为“如果我能化成一棵树”的佳作：“……如果我能化成一棵树，那么让我能随风飘舞吧，我要成为那河畔的金柳。我惬意地栖居在康河边上，听潺潺的流水声，我饱含着爱意凝望着每一个才华横溢的诗人，希望他们为我倾墨，将我的美姿印在他们的回忆录上，让他们常想起美与和谐的感受。若是能遇上徐志摩这样多情的人，我将甘心永远待在河边，听他诉说，望他微笑，给予他无限的诗情……”

梳理教材内容，“以读促写”“善于拿来”在最大程度上将教材资源为写作教学所用，有效地弥补了写作资源不足的问题，充分体现“用教材教”的新教材观。

三、挖掘教材内容，彰显教材蕴含的文化内涵

语文新课程目标指出：“通过阅读和鉴赏，深化热爱祖国语文的感情，体会中华文化的博大精深、源远流长，陶冶性情，追求高尚情趣，提高道德修养。”要达到这个要求就必须以教材为依托。“教材无非是一个例子”，教材更是蕴含深厚文化内涵的例子，所以教师必须练就金睛火眼，充分挖掘教材中的人文精神，让学生真正从精神上得到熏陶感染。

1．寻根问底

教师不应只满足于教学参考书上的解读或者对课文主题进行公式般的套用，而要善于从课文的字里行间寻根问底，看出端倪，从更深刻的层面来指导学生解读文本。

审视现今仍收入教材的乐府名篇《孔雀东南飞》，里面呈现了尖锐的婆媳矛盾。诗中焦母云，“此妇无礼节，举动自专由。吾意久怀忿”“便可速遣之，遣之慎莫留”。从焦母执意赶走媳妇刘兰芝的这番话中，可以看出这矛盾的表层原因就是封建礼教中衡量妇女道德标准的“三从四德”观。“此妇无礼节，举动自专由”就是焦母认为刘兰芝“妇德”不佳。但综观全诗，刘兰芝是“十三能织素，十四学裁衣，十五弹箜篌，十六诵诗书”“鸡鸣入机织，夜夜不得息”的贤妻，显然焦母的那番话只是以“三从四德”为幌子而编造的堂皇理由。深究文本，真正让焦母不满的是兰芝与儿子“共事二三年”却没有为焦家生下一男半女的事实。这里面深藏的文化根源就是“不孝有三，无后为大”的封建观念。在古代，关于休妻的规定“七去”中就有“无子去”一条，刘兰芝因此成为其牺牲品。冷静、耐心挖掘诗歌背后的文化渊源，学生才会真正理解这场爱情悲剧的罪魁祸首是“封建礼教”，形象地认识到文化传统中“封建礼教”这一“吃人”的本质。

2．辩证质疑

从接受美学的角度而言，“一千个读者就有一千个哈姆雷特”。同样，对课文的理解上，教师应该首先大胆地多向思考，勇于打破定向思维的束缚，在文化

的层面辩证地解读课文。

粤教版必修一第一篇课文是朱光潜先生的《朝抵抗力最大的路径走》，里面提出“要有大成就，必定朝抵抗力最大的路径走”“生命就是一种奋斗，不能奋斗，就失去生命的意义与价值；能奋斗，则世间很少有不能征服的困难”。文章还以孔子“在陈绝粮”“在匡遇险”为例进行论证。朱光潜先生无疑是深受儒学思想影响的奋斗者。孔子在《论语·宪问》就说要“知其不可而为之”，这代表着中国传统文化的一种基本精神，体现着与命运抗争的意志力量和坚毅的人格力量。然而站在文化的维度上来解读本文，如果仅从儒家思想来认识，恐怕不够全面。儒家文化是刚性文化，鼓舞人们冲锋陷阵，但是一味前进很可能到头来身心俱疲，满是伤痕。因此，解读本文有必要引导学生作辩证的认识：是不是一定要朝抵抗力最大的路径走，生命才有意义？要解决此问题，可以借助庄子的“安命”说，它要求人们对“命”所带来的厄运、灾难保持一种平和的心态，安之若素，就可从逆境中超脱出来，调和内心矛盾，达到人生另一种大境界。进是一种勇气，退何尝又不是一种智慧呢？儒道互补就是古人留给我们珍贵的精神财富。所以，当环境不利于我们朝抵抗力最大的路径走时，应该让学生明白庄子教会我们“退一步亦海阔天空”的道理。

全面深刻地挖掘教材中的文化内涵，利用教材丰富的文化资源对学生进行潜移默化的熏陶，教材肩负的提高学生人文素养的重任才得以完成。

提高课堂教学有效性的其中一个重要的环节就是教材的有效使用，因为课堂教学要以教材为依托，通过教材引导学生的认知发展、人生观的建构。因此，根据新课程标准的精神，研究如何灵活、高效、开拓性地使用教材，推动语文教学改革的进一步发展，将是每一位教育工作者必须展开的课题。

参考文献

［1］中华人民共和国教育部．普通高中语文课程标准（实验）．北京：人民教育出版社，2003.

［2］广东基础教育课程资源研究开发中心语文教材编写组．语文（必修1）．广州：广东教育出版社，2004.

［3］广东基础教育课程资源研究开发中心语文教材编写组．语文（必修2）．广州：广东教育出版社，2004.

［4］杨伯峻．论语译注．北京：中华书局，1980.

“以读促写”作文教学模式初探

张子平

【摘要】作文是中学语文教学的重点与难点，本文试图回归语文教学传统中的“读”与“写”，通过读节奏、读词语、读典故来增强写作的能力，促进学生语文素养的提高。

【关键词】读　写　作文

汉语的阅读与诵读有着悠久的历史，从先民劳作时传出的远古歌声，到成文结集的《诗经》诞生，都分明昭示着汉语“读”与“写”的源远流长。时至今日，我们在中小学的语文教学中，仍然继承着这伟大的传统。

《说文解字》里对“读”字的解释是“诵书也，从言卖声”，近两千年来，诵读是汉语教学最为重要的手段之一，蒙童的琅琅书声，文人灯下的轻声吟哦，一直都是支撑他们下笔千言的重要基石。苏轼说：“旧书不厌百回读，熟读深思子自知。”没有深切的阅读就没有深刻的理解。古语云：“熟读唐诗三百首，不会作诗也会吟。”又说：“读书破万卷，下笔如有神。”无长期的阅读就没有纵横开阖的写作，可以说读是写作的开端，是写作的支柱。

写，有“描摹，叙述”之意，而《说文解字》的解释更为高妙：“置物也。”物可以是情、景、理等。写就是把胸中种种放置于外，胡兰成曾这样夸过张爱玲的文字，“她是使万物自语，恰如将军的战马识得吉凶，还有宝刀亦中夜会得自己鸣跃”。这段话说的恰好就是写作的高境界，驱使文字如臂使指。要使得文字恰如其分地表达心中之物，必须对文字有更为深入的理解，诵读无疑是最为重要的方式之一。

美国崔利斯风靡一时的经典作品《朗读手册》中指出，朗读有助于培养情感，增强语感，促进记忆，从而提升人的言说与写作的能力。同时，我们也注意到，写作时遇到的困境也促使人更为投入地去阅读，所以，阅读与写作本质上是相辅相成的，乐于写作的人必然善于阅读，而能进行深度阅读的人也不惮于写作，在当前高中作文教学当中，学生普遍的畏难情绪恰好可以从阅读开始引导，带领学生进行有效的阅读，从而激发学生的表达欲望，不畏作文。

一、读节奏、强语感

语文教学强调“听、说、读、写”，四者并列表明彼此间是不同的，比如“说”与“写”就有着区别。“说”是比“写”更为随心的表达，“写”是更富有逻辑、节奏感更强的一种表达。从这个意义上讲，更有层次感、节奏感的“说”就是“写”。在先民劳作时，文学创作都是在劳动的号子中诞生的，有着隽永的节奏感。所以《毛诗正义》里说，“言之不足，故嗟叹之；嗟叹之不足，故永歌之”，可谓是文学与音乐的融合、写作与节奏的交汇的明证。

比如，课文《死水》节奏感强，每句有一个音组是三个音节，其余三个音组则是两个音节：

这是/一沟/绝望的/死水，
清风/吹不起/半点/漪沦。
不如/多扔些/破铜/烂铁，
爽性/泼你的/剩菜/残羹。

学生在诗歌里画好斜线、断好句子之后，就可以开始朗读，感受诗句本身的节奏感了。还可以把诗歌单元的其他诗逐一断句并阅读，去深入领悟汉语里所有的“金相玉振”之声。好文章读起来往往朗朗上口，铿锵有力。中学生写作文的一个大忌就是写作如说话，没有剪裁修饰，平淡无味。而进行语言节奏的训练是启发学生有意识地锻造语句的开始，也是汉语这一富有韵律的语言之写作的必经门槛。

仅仅有阅读是不够的，还需要读而后仿，仿而后改。仿照以下句式进行训练：

习作1：重锤/敲不响/破鼓，不如/归去，走入/幽深的/山林田野。（《隐与不隐》）

习作2：青黛瓦/古城墙/老榕树，景致如画，正应/举步/漫溯/历史长廊。

（《历史的天空》）

汉语的骈体写作历史悠久，“四六”句式是长期的作文典范，可以说在历史上相当长的时期里，“四六”句式都有着较高的地位，由此可见，汉语的韵律必然包含着某种和“四六”节奏适应的内在之美。而在高考优秀作文中，此种句式的灵活运用更是常有的事情。

你只是奔波在华夏大地上，以行者的姿态现于人间，奔走疾呼，救百姓于水火，解万民之忧苦。（2010年北京卷《致墨子的一封信》）

生活如海，宽容作舟，泛舟于海，方知海之宽阔；生活如山，宽容为径，循径登山，方知山之高大；生活如歌，宽容是曲，和曲而歌，方知歌之动听。（2010年北京预测题《宽容》）

诚然，学生是不容易也没有必要完全按照“四六”节奏来书写的，那样既费力也不讨好，但是把“四六”节奏融汇到文章中，进行整散结合，则是一个切合高考作文文采要求的做法。当前高考作文评分标准中“有文采”这一条的具体解释是：“语言生动，句式灵活。”所以在文章当中把整句写好是一个相当值得投入的切入口。

生命犹如海洋，生活恰是轻舟，扬起思维的风帆，穿梭于人生的海洋。（2004海南卷《思维解读幸福》）

李白，自九天而来，飞流直下，豪情万丈，仗诗行遍天下，演绎了一幅瑰丽多彩的人生画卷。（2005年模拟卷《生命是一种责任》）

“瞬间与永恒，恰如光与影，一体两面。屈原沉吟泽畔，九死不悔；曹操东临碣石，壮心不已；苏轼悠然泛舟，饮酒作词……人生之一瞬间，成生命之永恒。”

这一段学生习作，节奏明快清晰，句式整散结合，正是在有意识的训练中锤炼出来的写作技巧。巴菲利特曾指出：“记忆过程是由图式控制的。”写句子的节奏也是如此，而对语言的感觉，恰好是依赖于平时的不断阅读。

二、诵段落，增词汇

一个中学生经过十年的语文学习，就算涉猎课外书较少，其词汇量也有一万个左右，足够用于日常表达，但是如果要精巧细微地表情达意则是远远不够的。汉语博大精深是因为有着漫长的写作传统，对于各种情绪哲理故事的阐释都有着无比细致入微的用词。

传统上较好的做法是鼓励学生大量阅读课外书，特别是中外名著，经过时间的沉淀，学生在情操方面得到熏陶，词汇量也会随之大增。古语云：“胸有万汇凭吞吐。”当学生有了较好的积淀，其造句为文自然不会出现有故事、有情感、有感悟而写不出之苦。但是高中生的学习任务繁重，而且对大部头作品普遍有畏惧感。所以，通过不断诵读优美的文章段落，一方面能节约时间，有的放矢，另一方面能在短期内快速提高学生的词汇量。以阅读带动写作，是作文教学的一个传统手段，但也是在当下中学作文教学中一个易被忽略的手段。大部分课堂时间都用于分析，而沉下心思在课堂上一段一段地诵读文字的做法往往得不到坚持。之所以得不到坚持，是因为单纯的阅读是不足以调动学生的积极性的，久而久之学生便会感到乏味，而教师也就难以坚持。所以在阅读过程中，必须养成圈画的习惯，必须知道应该积累哪种词汇。

莫泊桑曾指出：“不论人们所要描写的东西是什么，只有一个名词最能够表示它，只有一个动词能使它最生动，只有一个形容词使它性质最鲜明，因此就得去寻找，直到找到了这个名词，这个动词和这个形容词，而决不要满足于‘差不多’，决不能利用蒙混的手法，即使是高明的蒙混手法，决不要借助于语言的戏法来回避困难。”莫泊桑是写作大家，清晰地点明了写作中最为重要的三种词语：名词、动词和形容词。

（1）名词。按照词典的解释，名词是指代具体或抽象事物的实词。在学生的理解中，名词多为描摹。但是由于学生的阅读范围较小，使用的名词非常普遍和大众化，往往既不优美也不富有表现力。以月亮为例，一般的同学知道“月亮”，留心记忆词语的同学会知道“婵娟”，至于“金蟾、金盘、银钩、玉蟾、玉轮、玉桂、悬钩、婵娟、素娥、广寒、清光、秦镜、蟾宫”等十多种别称就很少有同学知道了。所以在阅读过程中，要有意识地去圈画名词。如以下一段：

在生命的纵横阡陌，踽踽而行，或见落花翩跹衰草盘桓，或经流水人家榆柳

娉婷，或恍然听见悠远山谷中传来的黄鹂声声清啼，或一路尘满客袍。（2010 年福建卷《只待蓦然回首》）

没有使用过的词语便不是自己的。学生在自己的作品中也能渐渐学会使用新学的词语。

桂华流霜，映天地之凄凉，杜鹃啼血，鸣世间不平之意，古今多少事，在悠悠长河中成了一瞬的悲歌。（学生习作《历史的瞬间》）

（2）动词。动词在句子中地位崇高，为句子的中心所系，举足轻重。在优美的段落里，动词的使用总是最为出彩，从这个角度讲，动词更加直接展示给学生看到文字本身的可能性，一个句子换了一个动词，就能变得无比鲜活。“僧推月下门”还是“僧敲月下门”？推敲推敲。学生再看“红了樱桃，绿了芭蕉”，形容词作动词，全句境界便出。而在中学生作文中，动词的使用往往体现在词语的呼应之上，如以下一段：

后遭贬官，就隐居山林，他的诗的伟大成熟从此开始。一首《竹里馆》，把你带入他的陋室，听着他的琴声，感受着他的淡泊宁静。（2000 年河南卷《诗人的答案》）

在语文的世界里，你可以朝见陶渊明，暮访李易安，悲牛郎织女两地相隔，感梁祝深情相伴，扬鞭策马下扬州，弯弓射箭天山北。（学生习作）

（3）形容词。形容词通常修饰的是名词，如果说动词更精巧地表达了句子动态的一面，形容词则着力展现出其花团锦簇的一面，巧妙地使用形容词使得文章句式增光。一般而言，形容词放在中心词之前（例 1），也有放在其后，居后使得句子凝练而紧凑（例 2）。

例 1：犹记得晦涩难懂的《诗经》，在臂弯里浅唱低吟；犹记得翔实的《史记》，千百年独成一家之言；犹记得浪漫抒情的《离骚》，在氤氲书香中，传唱千年！（2010 甘肃卷《犹忆书香》）

例 2：语文从我身边徜徉而过，留下唐风宋雨的慷慨激昂；语文从我身边流淌而过，留下诗林词苑的淋漓酣畅；语文从我身边飘然而过，留下美文小说的婉转悠扬。（江苏盐城卷《语文从我身边轻轻走过》）

三、记文段，积典故

"操诛吕布，膑杀庞涓。羽救巨鹿，准策澶渊。应融丸药，阎敞还钱。范居让谁，吴饮贪泉"（《龙文鞭影》），这一段话只有8句，却讲了8个典故，而且句式一致，均为主谓结构，读起来朗朗上口。学生能在文段中学习到语言的节奏，同时，最为重要的是通过反复诵读达到牢记的状态，这样就一下子积累了8个典故。在高中议论文写作中，材料积累的重要性不言而喻。

司马迁在《报任安书》中写下了一个千古名段："盖西伯拘而演《周易》；仲尼厄而作《春秋》；屈原放逐，乃赋《离骚》；左丘失明，厥有《国语》；孙子膑脚，《兵法》修列；不韦迁蜀，世传《吕览》；韩非囚秦，《说难》《孤愤》《诗》三百篇，大抵圣贤发愤之所为作也。"这个文段只有102个字，但包含了7个典故，文气酣畅淋漓，读来铿锵有力，非常适合给学生布置阅读任务，让他们牢记在心，一则有材料可以用，二则可领悟议论文群例使用的磅礴气势。

对于学生来说，优美而饱含典故的文段是高中作文不可多得的养分。高中阶段学习压力大，分配到各学科的时间有限，在有限的时间里，最大限度地扩展自己的视野，如背诵20个优美文段、积累60个典故，那在议论文写作中就可以说具备了起码的基础。

在"以读促写"的作文教学中，比较容易见到的误区是，"读"与"写"分离，"读"不能落实到"写"当中去，"读"成了一种任务、一种负担。只有少数天赋较高或者比较用心的同学自行进行了转化，大部分同学读完了文段也依然按照原有的套路进行写作。一方面我们不能苛责学生的惰性，另一方面我们也叹息事倍功半。

而和我们想象不同的是，学生只是见过很多材料，并没有掌握材料。因此，大力促进学生放声朗读是一个记忆的好办法。更进一步讲，"以读促写"的一个较好的切入口就是读而后立刻写，和词语的应用一样，只有使用过的材料才是学生能掌握的，一个材料学生只要使用过一次，就能较全面地掌握该材料的整体。

如果没有他批阅十载、删减三次的惨淡经营，如果没有他坚持不懈、苦心孤诣的执著追求，就没有文学瑰宝、小说《红楼梦》的横空出世。他，是历史的巨人；他，是时代的缩影；他，就是曹雪芹。重新出发，让生命发出流星般炫目的光芒。（学生习作《重新出发》）

这一段文字，学生显示出了较好的文学视野，也就是在积累材料阶段做得比较扎实，而且积累材料的过程要到应用阶段才算是结束。

如果学生能对自己写好的文段进行修改，更进一步地吃透材料，那么经过一年的训练，大部分学生的作文水平是会得到提高的。这一个过程需要学生进行更为深入的阅读，去体会材料本身蕴含的事件，并且能得出自己的分析角度，从这个意义上讲，这种阅读超过普通的朗读，是深入材料底蕴的阅读，可以说是深层阅读。经过对材料的进一步分析与阅读，学生重新修改了文段：

他，是历史的巨人；他，是时代的缩影；他，就是曹雪芹。他幼年遭逢巨变，家道中落，锦衣玉食、红袖添香的繁华生活刹那成为云烟，最后沦落到“满径蓬蒿”“举家食粥”的境地。但曹雪芹没有在落魄中挥霍自己的生命。看惯了世态炎凉，又经过了贫寒生活的洗礼，他的生命在文学上重新出发。如果没有他批阅十载、删减三次的惨淡经营，如果没有他坚持不懈、苦心孤诣的执著追求；就没文学瑰宝——小说《红楼梦》的横空出世。重新出发，让生命在文学的天空下发出流星般炫目的光芒。(学生习作)

以立意为灵魂，以节奏为骨骼，以材料作血肉，以词汇作装饰，熔为一炉，炼出好文章。在语文教学中，听、说、读、写，听往往在作文课堂上用得过多，而读与写则应用较少，所以应在作文教学中增大阅读量，以读促写。

参考文献

[1] 许慎. 说文解字. 北京：中华书局，1989.

[2] 孔颖达. 毛诗正义. 北京：人民教育出版社，2012.

[3] 皮连生. 教育心理学. 上海：上海教育出版社，2005.

[4] 曹春梅. 赤橙黄绿青蓝紫　谁持彩练当空舞：例说议论文例证的几种方式. 中学语文，2011 (7).

[5] 张缨. 深度阅读与高中生写作内驱力的激发：以《外国小说欣赏》阅读教学为例. 语文月刊，2011 (10).

[6] 崔利斯. 朗读手册. 沙永玲，麦奇美，麦倩宜，译. 海口：南海出版公司，2009.

[7] 曹爱琴. 拥有一份宁静，且读且思. 语文学习，2011 (1).

[8] 赵谦翔. 熟读精思育美文. 语文学习，2011 (11).

巧用复习策略，让学生在复习阶段学有所获

——初三几何备考复习建议

林　菊

【摘要】初三下学期，各科复习都进入紧锣密鼓的阶段，在离中考3个月左右的时间里，各个学校基本上都结束了新课的学习，进入复习阶段。本文通过研究初三几何题型的特点，提出在复习阶段的几何复习建议，望学生在复习阶段能学有所获，真正地提高复习效率。

【关键词】几何备考复习策略　有效性　学有所获

这一学年，笔者担任所在中学大成智慧班的数学任务，该班初三上学期统考成绩位于全区第四位，学生基础较好，思维能力也不错，如何在最后复习阶段让他们“跳一跳，摸得着”，在原有的基础上向更高的成绩发起挑战呢？针对学生的学情，笔者在复习阶段提出了以下的复习策略：

一、第一轮复习夯实基础，切忌眼高手低

记得刚开始复习时，班上一位成绩较好的学生跟笔者说了以下这段话：“老师，中考题1～23题实在太简单了，能不能不要进行所谓的第一轮复习，直接做压轴题，给我们天天讲压轴题，这样我们才能有所提高呀！”笔者想，在学风较好的学校里，有这样想法的学生不少。那么，对于基础较好学校的学生，第一轮复习真的可有可无吗？答案当然是否定的，要知道，中考试题1～23题占了122分，这122分实在是太关键了，考得好的学生，往往不在于后面的两道题做得多么好，而是在基础题部分一分未被扣，该拿的分全拿到了。所以，在复习的开始阶段，师生都应该形成共识，切忌眼高手低，忽视最根本的基础知识部分的夯

实。在第一轮复习中，学生更应该注重以下几点。

1. 明确考点，形成知识体系

广州市教研员伍晓焰老师明确指出：《广州市 2013 年初中毕业生学业考试指导书　数学》明确了各个知识点的考查程度，教师应该有意识地引导学生进行解读，防止学生在一些偏题、怪题上花费大量的时间，而忽略了最基本的方向。如“多边形”一节，中考指导书指出：“理解多边形的内角和与外角公式；理解正多边形的概念。”这里给出的关键词是“理解”，也就是学生能简单运用这两个公式即可，不需要在此程度上再去拔高。而“尺规作图”方面，要求会写出简单的尺规作图题的已知，求作和作法（不要求证明），这就要求我们在复习过程中补充一两个平时教学中容易忽略的要求写作法的尺规作图题。指导书是中考复习的大方向，无论教师还是学生，都有必要花心思去解读。

2. 关注简单几何题的证明，防止无谓的失分点

近几年中考题 18、19 题基本上是简单的几何证明题，对学生的思维要求不高。学生拿不到满分的关键是几何书写过程混乱，思路表述不清晰。这就要求在复习课的教学中，应注重小测与过关，注意几何证明题的书写过程。笔者通常采用的做法是，对于小测不过关的同学，要求其将错题在小测卷上重新改一遍，还要在改错本上重新改一遍；小测时对书写格式扣分从严，思路对而表述不对同样一分不得，让学生重视正确书写，不让阅卷老师有扣分的机会。

3. 加强后进生的辅导，每天两小题基础训练

程度再好的班级，也有不同数量的暂时后进生，对于这部分学生，笔者通常采用的做法是，在第一轮复习阶段每天给出两个小题，让他们做到“全过关”，两个题目难度与中考 17 ~ 20 题难度一致，反复练习，正如戴登明老师提出的“限时训练，及时反馈，查缺补漏，在循环滚动中不断强化”。

如复习全等三角形时，让学生训练以下两个小题：

（1）如图 1，点 A、F、C、D 在同一直线上，点 B 和点 E 分别在直线 AD 的两侧，且 $AB = DE$，$\angle A = \angle D$，$AF = DC$。求证：$BC /\!/ EF$。

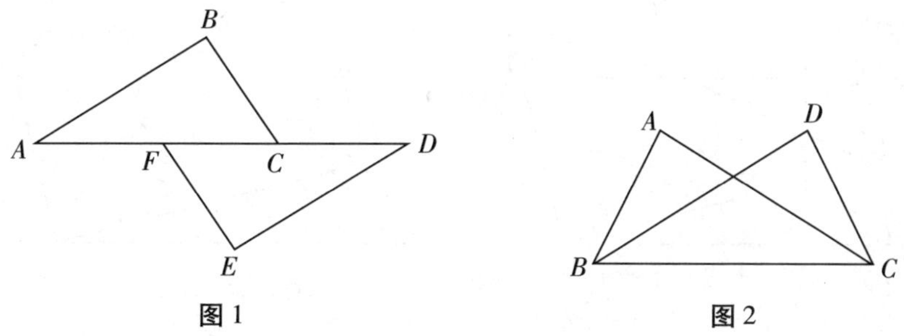

图 1　　图 2

（2）已知：如图 2，$\angle ABC = \angle DCB$，BD、CA 分别是$\angle ABC$、$\angle DCB$ 的平分

线。求证：$AB=DC$。

这两个小题难度不大，学生容易做，愿意做，反复练习，在中考中遇到这样的题就不会轻易失分。

二、利用几何综合题，增加学生思维的深度

在夯实基础的前提下，基础较好的学校应该向压轴题发起挑战，适度地在复习阶段加强综合题的指导，是提高学生思维品质的一个有效做法。

其实，这几年广州市中考24、25题的几何综合题，以考查三角形、四边形、圆的综合应用为主，许多考题源于课本又高于课本，在教研活动中，教师强调，让学生突破综合思考题的瓶颈是关键，看着答案人人都会说，原来这个题这样解是这么简单的，添加一条辅助线就可以了，用上图形的旋转就可以了，或是利用某个定理就可以了。可是，往往这个定理、这条辅助线，就是学生思维的瓶颈。教师在综合题的复习指导中，不应该重在讲答案，而是重在引导学生怎样去寻找思路，寻找突破口，这也是学生能够上一个台阶的关键。如2012年广州市中考25题：

如图3，在平行四边形$ABCD$中，$AB=5$，$BC=10$，F为AD的中点，$CE\perp AB$于E，设$\angle ABC=\alpha$（$60°\leqslant\alpha<90°$）。

（1）当$\alpha=60°$时，求CE的长；

（2）当$60°<\alpha<90°$时，

①是否存在正整数k，使得$\angle EFD=k\angle AEF$？若存在，求出k的值；若不存在，请说明理由。

②连接CF，当CE^2-CF^2取最大值时，求$\tan\angle DCF$的值。

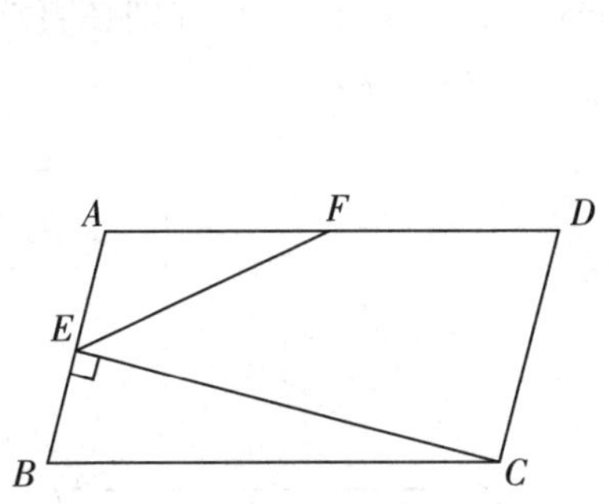

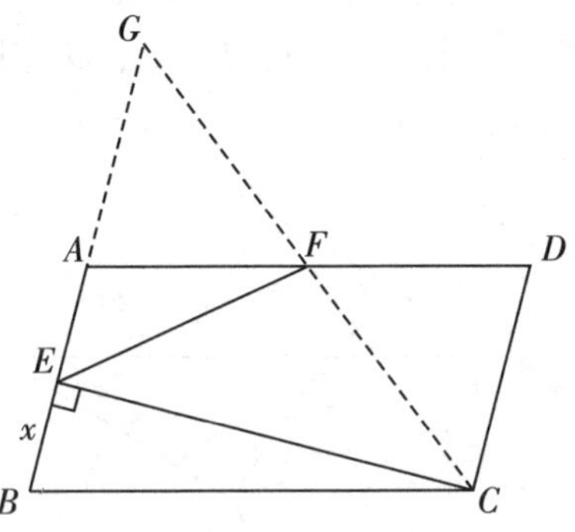

图3

本题分析过程如下：

（1）利用60°角的正弦值列式计算即可得解；

（2）①连接CF并延长交BA的延长线于点G，利用“角边角”证明$\triangle AFG$和$\triangle CFD$全等，根据“全等三角形对应边相等”可得$CF = GF$，$AG = CD$，再利用“直角三角形斜边上的中线等于斜边的一半”可得$EF = GF$，再根据AB、BC的长度可得$AG = AF$，然后利用“等边对等角”的性质可得$\angle AEF = \angle G = \angle AFG$，根据“三角形的一个外角等于与它不相邻的两个内角的和”可得$\angle EFC = 2\angle G$，然后推出$\angle EFD = 3\angle AEF$，从而得解；

②设$BE = x$，在$\mathrm{Rt}\triangle BCE$中，利用勾股定理表示出CE^2，表示出EG的长度，在$\mathrm{Rt}\triangle CEG$中，利用勾股定理表示出CG^2，从而得到CF^2，然后相减并整理，再根据二次函数的最值问题解答。

本题解答的关键在于能正确地作出辅助线，利用“直角三角形斜边上的中线等于斜边的一半”这个定理求解，而这条辅助线恰恰是解决这个问题的瓶颈，如何引导学生突破这个问题是教师在备课中更加需要思考的问题。在教学中，可让学生从多角度进行思考，然后引导学生从“直角、中点”这些关键词进行突破，构造辅助线，寻找思路。

本题还有另外一种解法：过点F作AB的平行线，将问题转化为三角形中位线和“平行线内错角相等”的问题，思路也十分巧妙。教学时，如何引导学生突破这条辅助线也是关键，引导学生从“中点、平行”这些关键词去突破，让学生自己去寻找思路，比教师直接给出答案让学生死记硬背要有效得多。

三、在几何复习教学中多对课本习题进行变式，有利于培养学生发散性思维及迁移知识的能力

几何题目千变万化，但不管如何变化都要用到课本中最基本的定理与结论，在几何复习备考教学中，教师应该多对学生进行课本例题习题的变式，利用变式教学，训练学生思维的广度与深度。

例如，人教版八年级上册122页15题：

如图4，四边形$ABCD$是正方形，点E是边BC的中点。$\angle AEF = 90°$，且EF交正方形外角$\angle DCG$的角平分线CF于点F，求证：$AE = EF$。

经过思考，学生给出了一种正确的解题思路：取AB的中点M，连接ME，则$AM = EC$，易证$\triangle AME \cong \triangle ECF$，所以$AE = EF$。

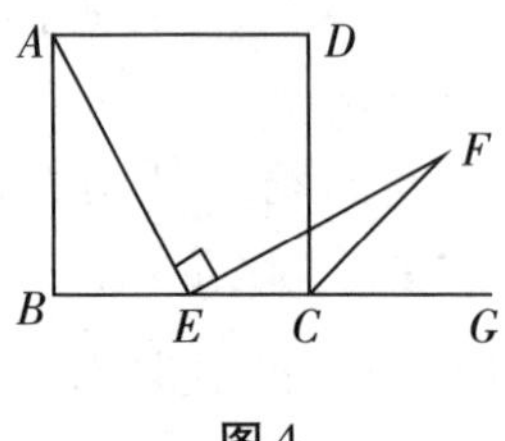

图 4

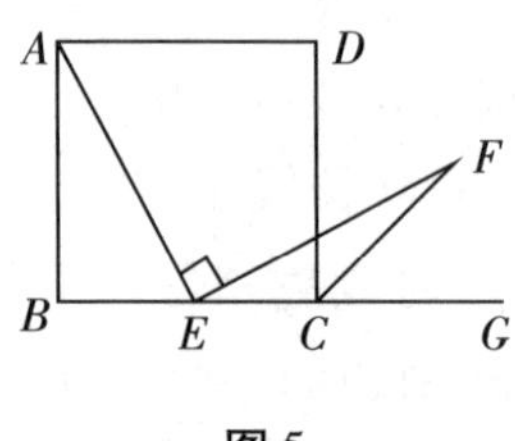

图 5

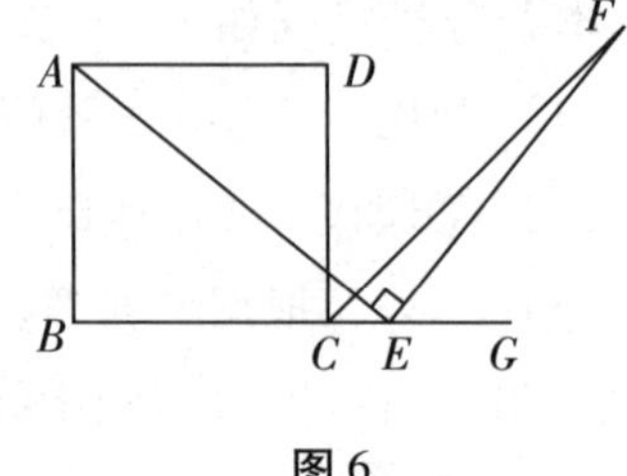

图 6

在此基础上，教师引导学生作进一步的研究：

（1）教师作变式：如图 5，如果把“点 E 是边 BC 的中点”改为“点 E 是边 BC 上（除 B，C 外）的任意一点”，其他条件不变，那么结论“$AE=EF$”仍然成立吗?

（2）继续变式：如图 6，点 E 是 BC 的延长线上（除 C 点外）的任意一点，其他条件不变，那么结论“$AE=EF$”仍然成立吗?

本题对课本习题进行了变式训练，在基本条件不变的情况下，不断地去挖掘学生的思维，可以很好地培养学生发散思维、迁移知识的能力。

再举一例，如图 7，正方形 $DEFG$ 的边 EF 在 $\triangle ABC$ 的边 BC 上，顶点 D、G 分别在 AB、AC 上。已知 $\triangle ABC$ 的边 BC 长 60 厘米，高 AH 为 40 厘米，求正方形 $DEFG$ 的边长。

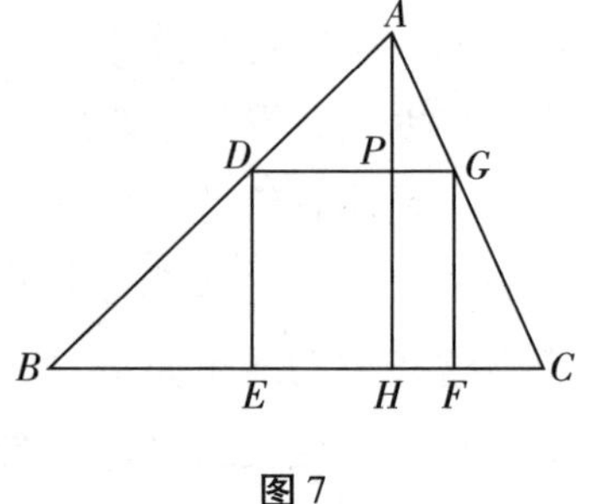

图 7

原题是课本中一道典型的基础几何题，绝大多数学生都能够独立完成。在证明完成后教师可以提问学生：

变式 1：若把 $\triangle ABC$ 改为 $\mathrm{Rt}\triangle ABC$、$\angle C=90°$，把 $AH=40$ cm 改为 $AC=40$ cm，其余条件都不变，那么该题如何解?

变式 2：把变式 1 中的 $\angle C=90°$ 改为 $\angle BAC=90°$，其余条件都不变，那么该题又如何解?

变式 3：把正方形换成矩形，并增加矩形的周长为 100 cm，结果改为“求矩形的面积与 $\triangle ABC$ 的面积比”，那么如何求解?

变式 4：如图 8，一块直角三角形木板的一条直角边 AB 长为 1.5 m，面积为 1.5 m^2，工人师傅要把它加工成一个面积最大

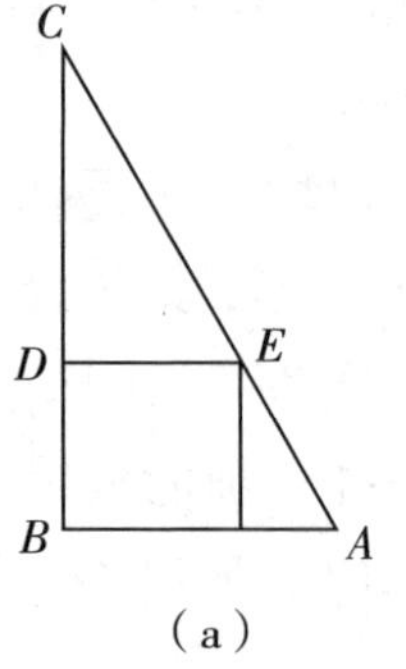

（a）

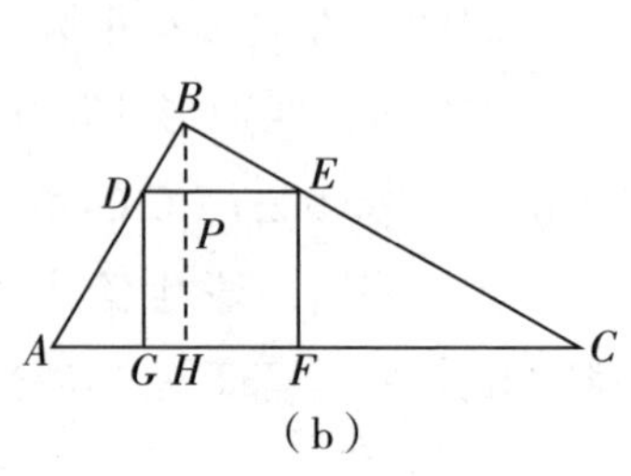

（b）

图 8

的正方形，请两位同学设计加工方案，甲设计的方案见图（a），乙设计的方案见图（b），你认为哪位同学设计的方案较好？试说明理由。（加工损耗忽略，计算结果可保留分数）

变式5：如图9，在直径为AB的半圆内，画出一个三角形区域，使三角形的一边为AB，顶点C在半圆周上，现要建造一个内接于$\triangle ABC$的矩形水池$DEFN$，其中DE在AB上，如图设计方案是使$AC=8$，$BC=6$，求：

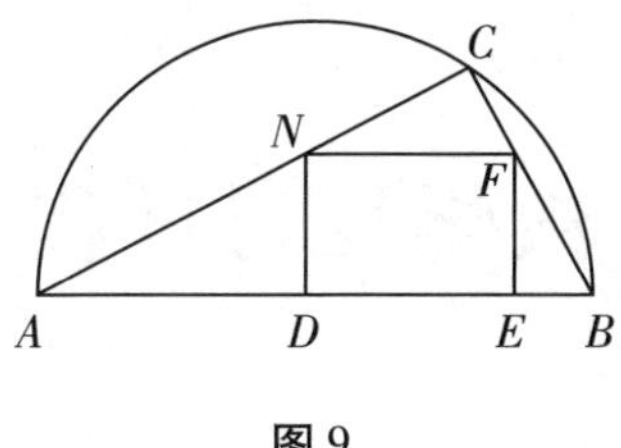

图9

（1）三角形AB边上的高线CH的长度。

（2）设$DN=x$，$NF=y$，求y关于x的函数解析式。

（3）当x为何值时，水池$DEFN$的面积最大？最大为多少？

变式6：在$\triangle ABC$中，$\angle C=45°$，$BC=10$，$AD=8$。矩形$EFPQ$的一边QP在BC边上，E、F两点分别在AB、AC上，AD交于EF于点H。

（1）求证：$AH:AD=EF:BC$。

（2）设$EF=x$，当x为何值时，矩形$EFPQ$的面积最大？求其最大值。

（3）当矩形$EFPQ$的面积最大时，矩形$EFPQ$以每秒1个单位的速度沿射线QC匀速运动（当点Q与点C重合时停止运动），设运动时间为t秒，矩形$EFPQ$与$\triangle ABC$重叠部分面积为S。求S与t的函数关系式。

这样层层递进的变式复习，不仅为学生提供了思维空间，还更能激发主动参与的学习热情，进行这样的思维训练远比“题海战术”更有效。另外，可适时根据学生的基础以及临场反应启发学生自己编题，从而在例题分析后归纳方法的基础上结合变式训练来改善学生思维密度、广度和深度，达到有效教学的目的。

总之，在初三几何复习时，关键是摸清学生的学情，有针对性地进行复习，这样才能做到有的放矢，让学生在复习阶段学有所获，在中考中收获最甜美的果实。

参考文献

［1］广州市教育局教学研究室．2013年广州市初中毕业生学业考试指导书数学．广州：广东教育出版社，2013.

［2］关英利．谈中考数学复习策略．学生之友（初中版），2005（5）.

数学复习过程中概念教学的实效性初探与思考

刘少敏

【摘要】 结合文科生的学习现状和思维特点，提出为什么要在高三文科数学复习过程中加强数学概念教学，接着简述加强数学概念教学的现实意义和几大原则，最后例析加强数学概念教学的实施策略。

【关键词】 数学概念　概念教学

概念是反映研究对象本质属性的一种思维形式，是人们主观意识对客观事物本质属性的能动性反映，是一种科学的认识方法。在逻辑学中，概念是思维形式最基本的组成单位，是构成判断和推理的要素。数学概念是反映客观事物关于空间形式和数量关系方面的本质属性的思维形式，数学概念是由定义、公理、定理、推论、公式等形式反映的，它是抽象和科学的。

一、问题提出

虽然近年来广东高考文科数学的命题方向、难度渐趋平稳，以考查学生的基础知识、基本技能、基本的数学思想方法为主，但对于绝大多数的文科学生来说，数学依然是一大难题。其主要表现在学生对数学的基本概念、定义理解不清，从而影响学生对知识的转化、迁移和灵活应用能力。

2012 年广州一模数学考试中有这样三道题目：

题 1：（2012 年广州一模文科数学 7）已知幂函数 $y=(m^2-5m+7)x^{m^2-6}$ 在区间（0，$+\infty$）上单调递增，则实数 m 的值为（　　）。

A. 3　　B. 2　　C. 2 或 3　　D. -2 或 -3

题 2：（2012 广州一模理科数学 11）已知幂函数 $y=(m^2-5m+7)x^{m^2-6}$ 在

区间（0，+∞）上单调递增，则实数 m 的值为________。

题3：（2012 年广州一模文科数学 11）若函数 $f(x)=\ln(x^2+ax+1)$ 是偶函数，则实数 a 的值为________。

题1 和题2 分析：从幂函数的概念出发即可得到 $m^2-5m+7=1$，解出 m 的两个值，再由幂函数的性质得到 $m^2-6>0$，即可以得到 m 的值。

题3 分析：根据偶函数概念，即可得出 $a=0$。

统计广州市学生答题情况，结果如下：

题号	平均得分	答对率（%）
题1（文科）	3.49	69.72
题2（理科）	1.62	32
题3（文科）	3.06	61

题1 和题2 的题目一样，但题型不同，造成得分差距很大。虽然文科生得分比理科生高，但文科生做得也不理想，归根结底，是学生对数学概念一知半解。由此可见，正确理解数学概念是学好数学的前提，也是制约高三文科数学复习效率的一大主因。

对于如何在新授课中进行数学概念的教学以及数学概念教学理论研究，前人已经有了较深入的研究，此处不再重复，本文将从另一层面（如何在高三文科数学复习过程中有效地实施概念教学）去展开探讨。那么，高三数学复习过程中加强数学概念教学有何现实意义？如何在高三文科数学复习过程中加强数学概念教学呢？下面将逐一展开探讨。

二、加强数学概念教学的意义及原则

1. 加强数学概念教学的意义

数学概念是数学知识的基础，是数学教材结构最基本的因素，是数学思想与方法的载体，正确理解数学概念是掌握数学基础知识的前提。高中数学课程标准指出：数学教学中应加强对基本概念和基本思想的理解与掌握，一些核心概念和基本思想要贯穿高中数学教学的始终，帮助学生逐步加深理解。学生如果不能正确地理解数学中的各种概念，就不能很好地掌握各种法则、公式、定理，也就不能应用所学知识去解决实际问题。“如果先不教明概念，便是教得不好的。”夸美纽斯在《大教学论》中的这句话也充分说明了概念教学的重要性。抓好数学概念的教学，是提高学生学习数学兴趣、培养学生创新精神和实践能力的一个很好的切入点，是提高数学教学质量的关键。因此，在高三文科数学复习过程中加强数学概念教学意义深远。

2. 加强数学概念教学的几个原则

（1）熟悉化原则：将陌生的概念转化为熟悉的概念，以利于我们运用熟知的知识、经验和问题来理解概念。

（2）简单化原则：将复杂的概念化归为简单数学符号语言或图形语言，通过对简单数学符号语言或图形语言的理解，达到深入理解概念的目的。

（3）对比化原则：用对比方法找出容易混淆的概念的异同点，有助于学生区分概念，掌握概念之间的相互联系，获取准确、明晰的认识，提高学生对数学理论整体性与严密性地把握。

（4）正难则反原则：当正面理解概念遇到困难时，可考虑概念的反面，设法从概念的反面去探求，使问题获解。

三、高三文科数学复习过程中加强数学概念教学的策略

复习过程的概念教学力求使学生明确以下几个方面：①概念中有哪些规定和制约的条件，它们与以前的什么知识有联系；②概念的名称、表述的语言有何特点；③概念有没有等价的叙述；④运用概念能解决哪些数学问题。在高一和高二时学生已经经历了概念的引入、形成和初步理解三个阶段，但由于上课时间的限制、应试的压力以及对数学概念学习的错误认识，学生对基本概念只是死记硬背，没有透彻理解，机械模仿老师解决某些典型题目的特定解法，一旦遇到新的背景、新的题目就束手无策，进一步导致教师和学生为了提高成绩而陷入无底的题海之中。

《普通高中数学课程标准（实验）》指出：“学生的数学学习活动不应只限于接受、记忆、模仿和练习，高中数学课程还应倡导自主探索、动手实践、合作交流、阅读自学等学习数学的方式。”概念教学的基本目标是帮助学生形成概念，而学生形成概念的关键是发现事物的本质属性或规律。发现是创造的一种重要形式，创造需要一种实践活动的过程。现代著名心理学家布鲁纳认为：“发现不限于那种寻求人类尚未知晓的事物的行为，正确地说，发现包括用自己的头脑亲自获得知识的一切形式。”因此，我们要依据高三文科生的思维特点，从文科生本身存在的特点出发，在复习过程中再一次进行数学概念教学，

并有意识地培养学生从被动地听发展成为主动地获取和体验数学概念，自主建构知识体系的能力，促进学生学习方式的转变和优化，从而达到提高数学学习效能的目的。

下面对高三文科数学复习过程中加强概念教学的几种常用策略展开分析：

1. 回归概念，追根溯源，抓住本质

案例1：上述题1与题2，显然考核学生对幂函数概念的理解，这时教师指导学生再次重读必修1的课本，让学生找出课本中对幂函数的概念的描述：形如 $y=x^{\alpha}$（x为自变量，α为常数）的函数叫作幂函数。这是以形式定义的概念，教师应引导学生注意定义的模式，任何突破定义模式的形式都不是定义本身。因此当学生看完概念后，再引导学生思考这个概念所隐含的本质内容，让学生自主地发现 x^{α} 的系数为1、自变量 x 在底数位置且它必须是一个单项式这三个特点。这样学生就容易判断出 $y=x+1$，$y=2x^2$ 和 $y=2^x$ 等不是幂函数。此时教师还进一步让学生区分 $y=ax^2(a\in\mathbf{R})$，$y=x^2+b(b\in\mathbf{R})$ 和 $y=a^x(a>0$ 且 $a\neq1)$ 几种函数的联系与区别，从而让学生加深对幂函数概念的理解。教师的这种教学策略恰好体现了加强数学概念教学的对比化原则。

案例2：教师在教学过程中发现学生对零点和极值点理解有误，适时地对这个两个概念重新进行教学。

题4：函数 $f(x)=4^x-2^{x+1}(x>0)$ 的零点是________。

题5：设函数 $f(x)=\ln x-px+1$，求函数 $f(x)$ 的极值点。

在题4中，大部分学生把答案写成 $(1,0)$，更有一部分学生不会做此题；在题5中，学生两种最常见错误解答如下：

错解1：

解：$f'(x)=\dfrac{1}{x}-p$，

令 $f'(x)=0$ 得 $x=\dfrac{1}{p}(p\neq0)$

$f\left(\dfrac{1}{p}\right)=\ln\dfrac{1}{p}-p\times\dfrac{1}{p}+1=\ln\dfrac{1}{p}$

$\therefore$ 函数 $f(x)$ 的极值点为 $\left(\dfrac{1}{p},\ln\dfrac{1}{p}\right)$

错解2：

解：$f'(x)=\dfrac{1}{x}-p$，

令$f'(x)=0$得$x=\frac{1}{p}(p\neq 0)$

$f\left(\frac{1}{p}\right)=\ln\frac{1}{p}-p\times\frac{1}{p}+1=\ln\frac{1}{p}$

∴ 函数$f(x)$的极值点为$\ln\frac{1}{p}$

显然学生对零点和极值点这两个概念不理解或理解不清，于是老师让学生翻阅课本去查找这两个概念，课本上写道：“如果函数$y=f(x)$在实数α处的函数值为0，则α叫做这个函数的零点。”教师此时再让学生进一步思考这个概念的等价说法是什么，学生很容易说出“函数$y=f(x)$的零点就是方程$f(x)=0$的实数根，亦即函数$y=f(x)$的图像与x轴交点的横坐标”。由此引出了求函数零点的两种常用的方法——解方程法和图像法，也解决了零点的书写问题，零点不是点而是一个数，它是x的值。同样，学生找到了极值点的概念，通过对概念的再次研读与思考，学生进一步理解了极值点的概念，区分了极值点与极值的关系，也获得了求极值点和极值的方法，进一步明确了方程$f'(x)=0$的解不一定是极值点的原因。通过对极值点以及相关概念的再次研读与思考，为导数的综合应用打下了坚实的基础，为后面的复习铺平了道路。

点评：在高三复习过程中随时随地进行二次概念教学，追根溯源，抓住本质，不仅能唤起学生的记忆，获得较理想的课堂效果，还能很好地培养学生自主探索、阅读归纳的能力，丰富学生的学习方式，改进学生的学习方式。

2. 遇难则变，变则通

根据认知规律，学生对知识的理解需要一个逐步深化的过程，当例题的复杂程度远超出学生现有接受水平的时候，学生可能会感到不适，甚至会使得课堂教学无法继续进行。这时，教师的“退一步”往往会海阔天空，改变问题的呈现形式，适当降低题目的难度，将题目变为已学习过的、较简单的同类题目，让学生再次理解例题涉及的方法，再进一步解决问题，这样往往能收到更理想的教学效果，而这种教学策略本身恰好体现了加强数学概念教学的简单化、熟悉化原则。

案例3：一位高三老师复习到函数的性质时，由于学生对抽象函数和复合函数的理解不到位，而且题目所给的条件相对比较复杂，增加了理解的难度，学生接受起来比较困难，使得讲评无法继续往下进行，此时，教师采取了“变”的方式，很好地化解了这个困局。

题6：（2012年高考备考指南文科数学练习册）已知函数$f(x)$是定义在

$(-1,1)$ 上的奇函数，它在区间 $[0,1)$ 上单调递增，且 $f(1-a)+f(1-a^2)<0$，求实数 a 的取值范围。

教师展示了此类题型的解法：

解：由 $f(1-a)+f(1-a^2)<0$ 得 $f(1-a)<-f(1-a^2)$

$\because$ 函数 $f(x)$ 是定义在 $(-1,1)$ 上的奇函数

$\therefore f(-x)<-f(x)$，即 $-f(1-a^2)=f(a^2-1)$

$\therefore f(1-a)<f(a^2-1)$

$\because$ 函数 $f(x)$ 是定义在 $(-1,1)$ 上的奇函数，在区间 $[0,1)$ 上单调递增

$\therefore f(x)$ 在 $(-1,1)$ 上单调递增

$$\therefore \begin{cases} 1-a<a^2-1 \\ -1<1-a<1 \\ -1<a^2-1<1 \end{cases}$$

教师本想让学生自行解不等式组，但教师敏锐地察觉到学生的思维陷入困境了，已经很难跟上课堂的节奏，于是，教师采取了“变”的方式，引入了两个相对简单、熟悉的问题，巧妙地化解了困局。

教师引入了这样两个问题：

（1）如果 $f(x)$ 在 $\mathbf{R}$ 上单调递增，且有 $f(x_1)<f(x_2)$，则 x_1,x_2 有什么关系？

（2）如果 $f(x)$ 的定义域为 $(-1,1)$，则 $f(1-a)$ 中的 $1-a$ 要满足什么条件？

学生快而准确地回答出这两个问题，问题（1）的答案是 $x_1<x_2$，问题（2）的答案是 $-1<1-a<1$，此时老师让学生把 $f(1-a)<f(a^2-1)$ 中的 $1-a$ 和 a^2-1 分别看成 x_1,x_2，学生的思维顿时豁然开朗，掌握了此类题型，学生也能继续完成此题的作答。

点评：采取“遇难则变”的策略，可以把原本难以解决的问题通过概念的逆用变得迎刃而解，同时也加深学生对概念的理解和运用。

3. 在复习中建构概念网络体系

在高三复习过程中不仅要使学生掌握单个的概念，还要使学生掌握概念体系，建构良好的数学认知结构。新概念是在原有的概念基础之上形成，或者是原有概念的限制、延伸或扩充的，因此在复习过程中教师应指导学生将这些概念联点串线，建立章节或学科的概念网络体系，使概念纵横贯通。学生一旦形成了这样的概念体系，不仅有助于概念的贮存和检索，还有助于深化对概念的理解和吸收新概念。

案例4：在高三立体几何的复习中，引导学生对所学的空间多面体概念整理为如图1所示的概念网络系统。

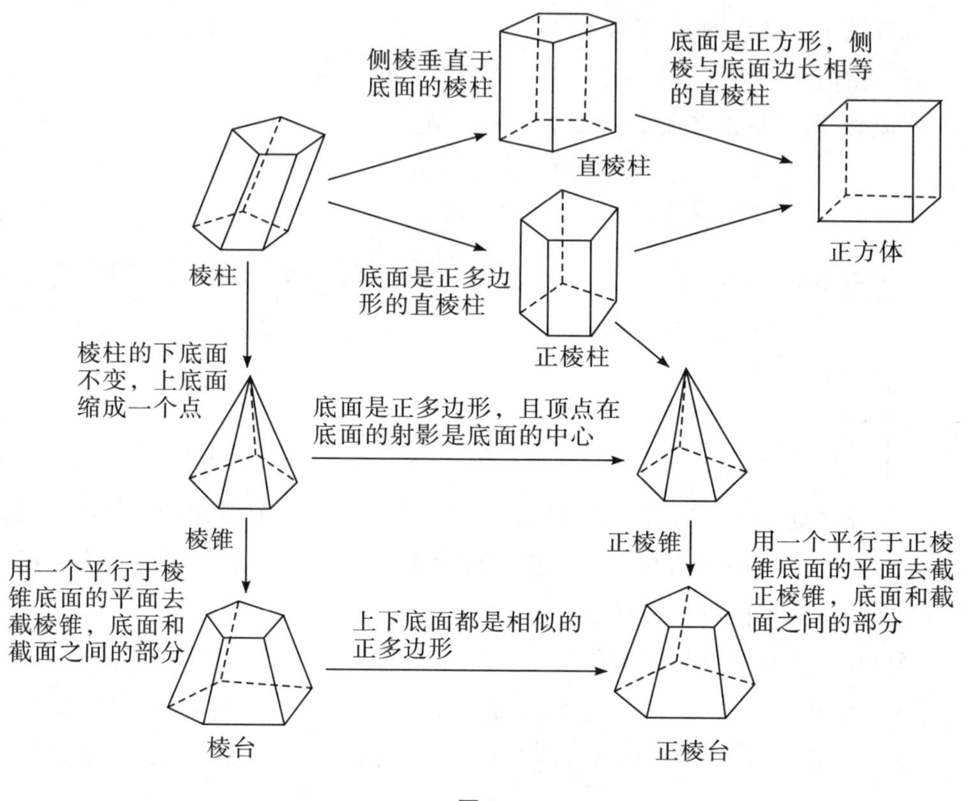

图1

点评：教师的这种教学策略本身恰好体现了加强数学概念教学的简单化、对比化原则，这样学生就很容易掌握各种多面体之间的联系，以及各种多面体的特点，为立体几何的证明铺平道路。

4．通过练习形成运用概念的技能

在获得概念后，就要在实践中运用概念，在运用概念的过程中，实质是概念具体化的过程，而概念的具体化利于学生对概念的深刻理解和牢固掌握。

案例5：教师在复习完椭圆的概念后，就给出下面四个思考题。

（1）平面上的动点 P 到两定点 $(-3, 0)$，$(3, 0)$ 的距离之和为4，则 P 点的轨迹是什么？

（2）平面上的动点 P 到两定点 $(-3, 0)$，$(3, 0)$ 的距离之和为6，则 P 点的轨迹是什么？

（3）平面上的动点 P 到两定点 $(-3, 0)$，$(3, 0)$ 的距离之和为8，则 P

点的轨迹是什么？

（4）已知两点 $\triangle ABC$ 的一边 $BC=6$，周长是16，那么顶点 A 轨迹是什么？

通过分析容易得到：①当 $2a<2c$ 时，轨迹不存在；②当 $2a=2c$ 时，轨迹为一条线段；③当 $2a>2c$ 时，轨迹为椭圆，这样就有效加深了学生对椭圆概念中“$a>c$”这一条件的理解。

案例6：在复习完三种圆锥曲线的概念后，教师发现部分学生对三种圆锥曲线的概念的理解仍存在问题，于是补充了一节“定义法求圆锥曲线轨迹”的复习课。

题7：如图2，圆 O 的半径为定长4，圆心为 C（-1，0），A 是圆内定点（1，0），P 是圆上任意一点，线段 AP 的垂直平分线 L 和半径 OP 相交于点 H，当点 P 在圆上运动时，点 H 的轨迹是什么？并尝试写出轨迹方程。

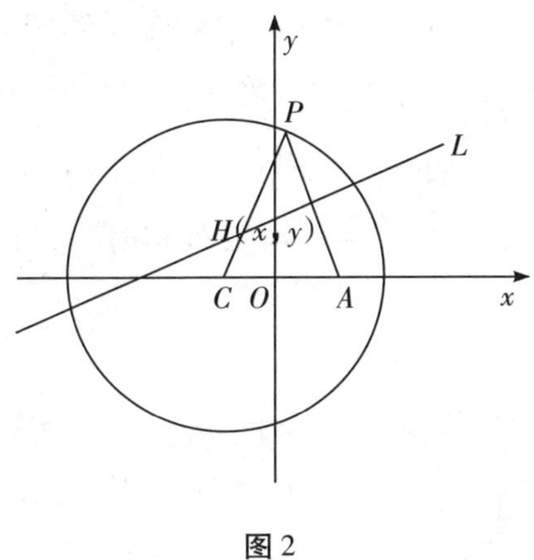

图2

教师和学生一起对题目进行剖析：此题主要考查椭圆的定义、垂直平分线的性质等内容，通过垂直平分线的性质得出 $HP=HA$，把 $|HA|+|HC|$ 转化为 $|HP|+|HC|=|CP|=4$，即得到 $|HA|+|HC|=4$，因此点 H 满足椭圆定义，转化为定义法求轨迹问题。然后，教师写出详细的解答过程。

题8：已知动圆过定点 $\left(\frac{p}{2},0\right)$，且与直线 $x=-\frac{p}{2}$ 相切，其中 $p>0$。求动圆圆心的轨迹的方程。

分析：此题考查的是抛物线的概念和求轨迹的方法，在题7的引导下，学生能比较快地联想到抛物线的定义，从而运用抛物线的定义直接写出方程。

解答过程如下：

解：如图3，设 M 为动圆圆心 $\left(\frac{p}{2},0\right)$，记为 F，

过点 M 作直线 $x=-\frac{p}{2}$ 的垂线，垂足为 N，

由题意知：$|MF|=|MN|$

即动点 M 到定点 F 与定直线 $x=-\frac{p}{2}$ 的距离相等，

由抛物线的定义知，点 M 的轨迹为抛物线，其中

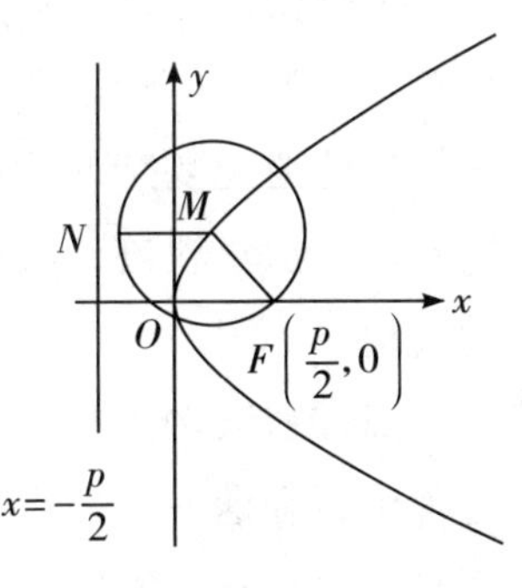

图3

$F\left(\frac{p}{2},0\right)$为焦点，$x=-\frac{p}{2}$为准线，所以轨迹方程为$y^2=2px(P>0)$。

题9：设圆 C 与两圆 $(x+\sqrt{5})^2+y^2=4$，$(x-\sqrt{5})^2+y^2=4$ 中的一个内切，另一个外切。求 C 的圆心轨迹 L 的方程。

分析：此题难度已经增大，学生要先找出与两圆分别内切和外切的关系，再通过消元才能得出关系式。还有一个陷阱，因为题目没有说明跟哪个圆内切、哪个外切，所以有两种情况，但最后可以合并成一个等式。

解答过程如下：

解：如图4，设两个已知圆的圆心分别为$F_1(-\sqrt{5},0)$，$F_2(\sqrt{5},0)$，

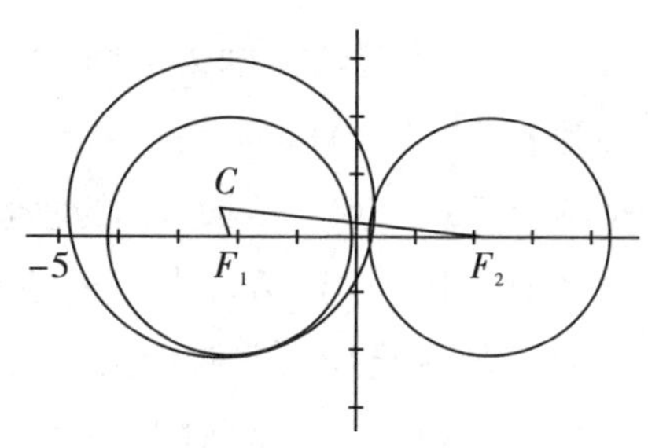

图4

当圆 C 与圆$(x+\sqrt{5})^2+y^2=4$内切、与圆$(x-\sqrt{5})^2+y^2=4$外切时，有$|CF_1|=R-2$，$|CF_2|=R+2$

$\therefore |CF_2|-|CF_1|=4$

同理，当圆 C 与圆$(x+\sqrt{5})^2+y^2=4$外切、与圆$(x-\sqrt{5})^2+y^2=4$内切时，有$|CF_1|-|CF_2|=4$

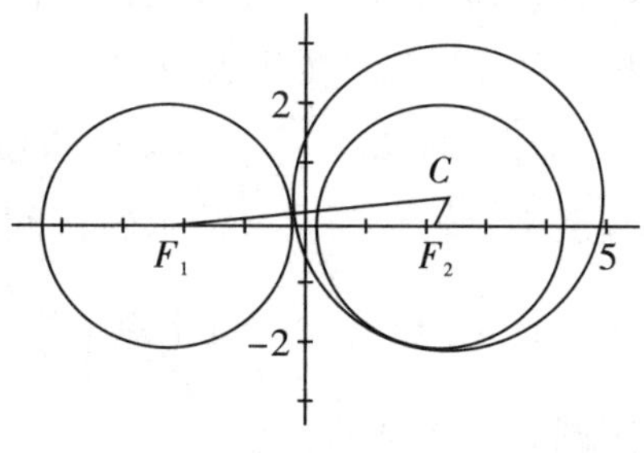

图5

$\therefore \left||CF_1|-|CF_2|\right|=4(<2\sqrt{5})$，

由双曲线定义可得：$a=2,c=\sqrt{5}$

$\therefore b^2=c^2-a^2=1$，焦点为$F_1(-\sqrt{5},0)$，$F_2(\sqrt{5},0)$，故 C 的圆心轨迹 L 的方程为$\frac{x^2}{4}-y^2=1$。

教师讲解完这三道题后，又展示了学生在解题过程中的另一种解法——直接法。学生通过比较发现，这几题采用定义法求轨迹比直接法求轨迹简单，定义法求轨迹能避免复杂的计算过程，减少因计算失误而丢分，但是又让学生明白，要用好定义法求轨迹，关键在于深入准确理解三种曲线的定义，才能达到灵活运用的境地。

点评：案例4和案例5充分说明概念教学不仅体现在新授课里，在高三复习过程中，在课内要适当反复，在课外也要适当反复，反复不完全是简单的重复，而是通过复述、答问、举例、解题、综合运用等方式，使这些概念再现——在更

高层次上的再现，使学生对概念的理解逐步深化。同时还要根据学生的认知特点，合理地选取适合学生的教学方法，让学生在探索、辨析、感悟和运用中真正掌握数学概念，理解数学的本质。老师的这种教学策略恰好体现了加强数学概念教学的对比化、正难则反原则。

四、结束语

学好数学概念是理解数学思想、运用数学方法、掌握基本技能、提高数学能力的前提。数学概念的教学既是高中数学教学的重要环节，又是基础知识和基本技能教学的核心，更是提升高三文科数学复习效率的一大法宝。因此，高三文科数学复习过程中应该加强概念教学。教师在数学概念教学中要转变观念，使课堂教学由知识型转化为能力型，切实搞好数学概念教学，充分发挥数学概念的指导作用，全面提高学生的数学素养，发展学生逻辑思维和空间想象能力。

参考文献

［1］曾辛金，陈镇民. 2012年广州市普通高中毕业班综合测试（一）数学学科分析报告.（2012-03-22）［2015-02-26］. http：//wenku.baidu.com/view/763ff061966648d7c1c746fo？fr=prin.

［2］夸美纽斯. 大教学论. 傅任敢译. 北京：教育科学出版社，1999.

［3］何小亚. 数学学与教的心理学. 广州：华南理工大学出版社，2011.

［4］王林全，林国泰. 中学数学思想方法概论. 广州：暨南大学出版社，2000.

［5］张良强. 数学概念课的教学原则. 数学教学研究，2002（7）.

［6］王仙. 对高中数学概念教学的一点想法. 中学课程辅导·教学研究，2009（10）.

数学学困生及其转化策略

何立斌

【摘要】学困生是客观存在的弱势群体，数学学困生又往往多于其他学科的学困生。关注学困生，促进他们的成长，是践行“不同的人在数学上得到不同的发展”这一新课程理念的实际行动，也是数学教师迫切需要解决的问题。

【关键词】数学　学困生　策略

生本教育观，是摆正教师与学生的主导和主体位置的主张。将学习真正地、彻底地交还给学生，激发学生学习的积极性和潜能。高中数学的教学内容，由于抽象程度和复杂程度远高于小学和初中数学，所以，由学生积极主动地探究问题，往往由于学生的数学基础有较大的差别，而演变成少部分人积极主动、多数人被动跟随。随着真光中学生源程度的变化和目标要求的不断提高，要完成“全员本科”的目标，必须要求做到在课堂上使多数人积极参与思考，主动探究并表达，从而全面提高数学素养。因此，带着这样的问题，“真光课堂”行动计划活动显然抓住了要害，抓住了根本。通过不断的学习与教学实践，有了一些思考和经验。同时，几年前，作为科组集体课题研究的《数学学困生及其转化策略》论文初稿已成框架。由于自己的身体原因，搁浅并放置起来。恰逢“真光课堂”行动计划活动论文征集，所以，将之拿出。希望与同事们一起来探讨交流，使之不断成熟和完善，从而逐渐形成共识，为数学课堂及课前课后，促进数学学困生有效转化贡献力量。

学困生是客观存在的弱势群体，数学学困生又往往多于其他学科的学困生。关注学困生，促进他们的成长，是践行“不同的人在数学上得到不同的发展”这一新课程理念的实际行动，也是数学教师迫切需要解决的问题。在多年的教学实践中，笔者接触过大量学困生，在转化学困生的实践中既感到任务艰巨，又坚信只要方法得当，肯下功夫，学困生的学生生活也会变得精彩。

一、转化学困生，首先要搞清学困生是怎样产生的

关于学困生的产生，研究者各有说法。这方面笔者认同教育家巴班斯基的研究结论。他认为大多数学困生的产生与教育自身有密切的关系，其作用约占70%。我们一线教师与其埋怨学生、家长的不是，不如静下心来反思一下自身的问题，也许这更有实际意义。从教育自身角度分析，笔者认为学困生的产生有以下三方面的原因：

1．内部因素

（1）学习目的不明确，缺乏上进心。

大多数学困生无心学习，甚至认为学习是一种负担，读书是迫于家长的要求，认为读书无用。因此，他们缺乏上进心，上课不愿意听讲，甚至违反纪律，作业照抄或干脆不写作业，从没想过提高自己。他们缺乏积极思考的动力，不肯动脑筋。

（2）自学能力差，难以掌握基础知识。

不能找出问题的重点和难点，不能运用学过的知识解决问题；基本概念、定理模糊不清，不能用数学语言再现概念。意志力不强，学习的毅力和耐力较差，只有三分钟热情，不能形成良好的学习习惯。

（3）学习态度不端正，不愿意主动探究。

对教师布置的练习和作业马虎应付，遇难不究，抄袭了事。不能说明解题的依据，不能说出这些作业是哪些知识点的运用。

2．心理因素

（1）依赖心理。

缺乏学习的主动钻研和创造精神，遇到难题不能积极分析和主动思考，总是期望教师对数学问题进行归纳、概括，分门别类地一一讲述。

（2）畏难心理。

在学习上不肯用功，怕动脑筋，缺乏吃苦精神，不愿意在困苦中学习。遇到计算量比较大、计算步骤比较烦琐的问题便抛到一边，遇到难题就产生畏惧情绪。

（3）自卑、胆怯心理。

自卑心理严重，缺乏自信心。由于学困生长期处于班级的“底层”，学习成绩差，老师、家长常常把他们定位在落后群体，处于被遗忘的角落，他们内心深

处一般都很自卑，很少主动提问和回答问题。太多的失败使学困生常感到学习很无聊，情绪低落，学习缺乏自信心。

（4）急于求成心理。

学习数学是一个较复杂的思维过程，而数学学困生在解决问题时往往未全面了解便盲目下笔，导致解题出错。上课时偏重结论而忽视分析过程和结论的形成过程，忽视解题方法的探索，对定义、公式、定理、法则的来龙去脉不清楚，对知识点理解不透彻。此外，迷惘心理、厌学心理、封闭心理等也不同程度地影响着数学学困生的积极性和主动性，严重制约和阻碍数学教学质量与效率的提高。

3．教师因素

（1）关心较少。

大班化的教学组织形式客观上使教师难以兼顾学困生，很多学困生参与课堂学习活动机会极少，自觉不自觉地沦为观众，失去了掌握知识的最佳时机。有的教师讲课速度快，部分学生跟不上节奏，渐渐出现知识和能力的缺陷。

（2）措施不力。

课堂失去的没有在课外及时弥补，导致知识链脱节，影响了后续学习，恶性循环，问题越积越多，从量变走向质变。因为要补的知识太多，教师精力不济，只好放弃，听之任之。

（3）方法简单。

教师教育手段简单、粗暴、不科学。有的师生之间关系紧张，互不尊重。学生恶其师，自然不信其道，不学其术。

二、转化学困生，还要了解学困生

排除智力因素，学困生大多是后天产生的。据笔者调查，数学学困生一般在非智力因素上表现出以下几方面的共性。

1．缺乏数学学习的兴趣

数学学困生对数学学习普遍缺乏兴趣，求知欲低，意志脆弱。他们厌恶数学，认为数学要动脑筋，很烦，很累。上课开小差，搞小动作，极少举手回答。作业经常不完成或者随便抄袭应付。在他们眼里，学习数学是一种沉重的负担。

2．缺乏学习信心，上进心不强

因为基础差，没有建立良好的知识网络，他们对学习不知从何入手。回答、练习、考试往往错误较多，经常碰壁。在多次失败打击之下，自卑感产生。他们对自己能学好数学产生怀疑，丧失了学习的信心，自暴自弃。于是采取逃避政策，不愿举手发言，不愿和同学、老师交流，害怕考试，甚至害怕上课被老师提问。

3．心情压抑，有失落感

由于学习上处于落后位置，学困生在课堂上是被冷落和忽视的一群。上课时老师怕浪费时间，很少叫他们发言，合作学习中又常常是优生掌握操作权和话语权。学困生得不到重视，被批评、歧视，受到表扬、鼓励的机会极少，导致心情压抑，失落感严重。

4．自觉性差，自制力弱

学困生的学习自觉性较差，如果没有老师、家长督促，他们就很少主动学习，而是能拖则拖，形成惰性心理。缺乏吃苦精神，碰到困难就放弃，不能坚持。他们不能较好控制自己、正确处理学习和玩耍的主次关系、合理分配时间，而且他们的注意力更容易被学习以外的事情分散。

三、转化学困生，必须采取有效措施

这方面我们每位数学教师都有经验，比较有效果的做法是如下四种：

1．走近学困生，建立和谐的师生关系

作为教师首先要解决自己的思想问题，反思一下对待学困生的态度，反观自己有没有把他们当作累赘，是否认为他们拖了班级的后腿，影响自己出成绩，从而对他们没有好脸色，用有伤尊严的语言对待他们，造成师生关系紧张，或者对他们不闻不问、听之任之。要知道，师生之间的情感融洽与否对于学习效果好坏有着重要影响。教师要主动走近学困生，关爱学困生，去了解他们的心理，解决他们的困难，宽容他们的错误，尊重他们的人格。课堂上、生活中，给他们一个赞许的眼神、一次温暖的抚摸、一句表扬的话语、一次耐心的等待，让他们感受到教师的关心以及殷切的期望，努力建立和谐的师生关系，并带动其他学生也来关心、帮助学困生，使良好的师生关系、生生关系成为他们学习的助推器。在此基础上，教师适时对他们进行心理疏导和思想教育，使他们认识到数学的重要性，引导他们约束自己的行为，集中精力搞好学习，培养坚强的意志，树立克服困难的勇气和信心。

2. 实施分层评价，调动学困生的学习积极性

教师对学生的评价恰当，对调动他们学习积极性有重大作用。评价学困生应该立足现实，着眼于提高他们的学习兴趣，促进主动学习；着眼于保护他们的自尊心，提高自信心。评价时多采用激励性评价，让他们感到自己被赏识和重视，在表扬激励中提升学困生的自我评价。有些好的做法值得借鉴，如设立“进步奖”，根据学困生的实际情况确定目标，然后看进步程度给予表扬奖励。从全班点名表扬、物质奖励到颁发“小红花”（跟优生一样可以上“光荣榜”），并以作业本、试卷留言、电话或互通短信等形式告知家长。期末星级生评比中单独设“进步星”给进步显著的学困生。实践表明，对学困生的不断进步给予肯定是激励他们积极努力的最好动力。

3. 分类指导，适当照顾，促进学困生参与课堂学习活动

转化学困生也必须向40分钟要质量，但教师一节课不可能把注意力仅仅集中在个别学困生上。如何解决这一矛盾？教师各有各的高招，如同步教学、分类指导、适当照顾。就是说让学困生和其他同学一起参加课堂学习，但要求不同，评价各异，适当多给机会让学困生参与回答、练习。比如，新课伊始复习型提问、练习以及新课授后检查型提问、板演，旨在复述、回忆，适当多给学困生机会。巩固新知时只要求他们完成一些基础题。课堂巡视关注他们，发现做得正确的就让他们板演，给他们表现的机会。提问优先，尽量让优生来回答，视作对优生的检查。作业弹性处理，完成指定的基础题后允许他们自由选择其他题目。碰到较难的题目，教师予以提示或进行分解。新课程教学中，小组合作学习较多，教师要事先关照好小组长，要求安排学困生参与讨论、操作，鼓励学困生作为小组代表汇报。通过这些手段，提高学困生参与课堂学习活动的热情，使他们品尝到学习成功的愉悦，从而诱发他们获得成功的欲望。其中一个构想，就是引导他们重视课前预习的方法，提高课堂效率。

在课堂上，多数小学生和初中生带着很浓的兴趣参与到教学中，他们积极发言，用自己的理解方式阐述着对新的数学概念和方法的认识与实践。每当参与这样的听课时，我们总是在想：随着年龄的增长，高中生在数学课上这样的参与积极性渐渐减弱了，少见了。当然，不能说他们不愿意自己有优秀的表现，更多的是因为他们担心自己会讲错，会因为表现欠佳而失去颜面。从心理学的角度讲，可以理解，每个成年人都会注重自己的形象。而学校学习离不开交流，学生间的主动交流、探讨，是加深理解和掌握从而提高学习效果最有效方法之一，也是学校教育重要的组成部分。而学困生更害怕交流和探讨，因为他们对数学的表达方

面更欠缺。

显然，对于每个成年人，要使自己在公众面前有上佳表现，就不能打无准备之仗。比如，在重要的场合讲话，提前准备是必不可少的环节。而那些能够随时随地即兴演讲的人，无疑对所讲领域的内容有着深入的了解和深厚的积累。同理，类比到课堂上，能够积极参与课堂发言和探究的同学，无疑都有着较好知识积累和能力储备。为了调动那些被动学习的同学和学困生，倡导课前预习的方法，是弥补他们知识准备不足、能力储备欠佳的有效方法。有的教师主张听数学新课无须预习，他们希望完备准确的概念和方法的探究是在教师的引导下完成的，而预习后听课会减少对探究的兴趣，就像“剧透”情节一样，减弱了人们对结局的好奇。这听上去不无道理，但高中数学内容量和深度往往丰富而深刻，只凭借阅读教材而达到要求是远远不行的。如果说上述教学方法在一定领域比较合适，笔者觉得更适合小学或初中的课堂教学。当然，教无定法，根据教学内容安排不同的教法能够较好地完成教学内容，提高教学效果的方法，都是合适的方法。

要使数学课前预习的教学方法更有效果，需要教师逐渐培养。经常会看到一些学案中，有课前预习的内容，也有针对性的练习。但实践表明，采用“导学提纲”形式，较有利于学困生的预习。在导学提纲中，由浅入深地提出一些问题和思考，带着问题预习和听课，能更好地激起听课的兴趣，参与探究的过程。

4. 个别辅导，查漏补缺，促使学困生根本性转化

个别辅导是教育转化学困生的最有效手段。对学困生来说，学习上的失败主要是因为缺乏良好的学习态度和科学的学习方法。教师面对面、手把手地教，不仅可以对他们的知识缺漏进行补习，更是对他们行为养成、学习方法的矫治和引导。一节课下来，教师应经常地及时来到学困生身边，把本节课的重点、难点、方法等让他们再重新梳理一次，了解他们对所学知识还有什么困惑，尽量不形成新的知识断层。对于低年级的学困生，还要借助家长的力量，因为年轻家长文化水平较高，关心子女的程度也高一些。

学困生教育转化是一项艰巨而富有挑战性的工作，笔者对此有三方面深切感受：一是转化学困生宜早不宜晚，最好从一年级抓起，这样可以节省很多精力；二是教师要对转化过程中出现的困难有清醒的认识，要始终充满信心，坚持不懈；三是要经常和家长联系，得到家长的配合，让他们共同承担责任。

支架式英语写作教学模式在高考备考中的实践研究

陈美苑

【摘要】本文分析广东近六年来高考读写任务的命题特点及考生在高考英语中存在的问题，探讨了支架式英语教学模式在高考写作备考中的运用。结合案例阐述了支架式教学模式——课前美文输入、课堂主题小组探讨、个人独立创作和自我修改，以及同伴佳作互赏对于提高学生英语综合语言运用能力的有效性。

【关键词】高考读写任务　命题特点　支架式英语写作教学　写作

一、引言

《普通高中英语课程标准（实验）》明确提出，高中阶段的英语教学应该注重培养和发展学生的综合语言运用能力，即用英语进行恰当交流的能力。英语书面表达是最能真实全面地反映学生的英语基础和综合能力的题型。从 2007 年开始，广东高考英语的读写任务旨在考查学生用英语获取信息、处理信息、传达信息的能力，分析问题、解决问题的能力，以及用英语进行思维和表达的能力，同时考查学生语言表达能力的基本功。由于该题的分值（25 分）较高，难度较大，区分度高，既是学生在高考考场上“最难啃的骨头”，又是高三教师和学生在备考中感觉付出大、回报少、颇感头痛的题型。由此可见，写作教学在高中英语教学中占据举足轻重的地位。如何培养学生的写作能力就成为英语教学亟待解决的难题。为此，笔者根据近年来的高三教学和高考评卷工作的经验，通过分析近六年来广东高考读写任务的命题特点及考生存在的问题，对高三写作有效教学模式——支架式英语写作教学模式进行了课题研究。

二、支架式写作教学模式

支架式（Scaffolding Instruction）教学模式理论源于维果斯基（Vygotsky，1975）的“最近发展区理论”（Zone of Proximal Development），以他的“辅助学习理论”（Assisted Learning）为基础，形象地借助了建筑行业的“脚手架”（Scaffolding）的概念。Scaffold 本意是建筑行业中使用的脚手架，这里用来形象地说明一种教学模式：教师引导着教学的进行，使学生掌握、建构和内化所学的知识技能，从而使他们进行更高水平的认知活动（Slavin，1994）。简言之，是通过“支架”（教师的帮助）把管理学习的任务逐渐由教师转移给学生自己，最后撤去支架。支架式写作教学模式旨在培养学生自主学习的能力，改变传统的教师主宰课堂的局面，构建教师和学生互动、生生互动、师生共同参与的课堂活动，提高学生的写作兴趣和书面表达能力。在支架式写作教学模式中，老师给予学生足够的自由创作空间和小组互动讨论的机会，刺激学生的写作欲望；同时关于文章篇章的构思、不同话题论述的角度以及文章的衔接等问题，老师会先让学生思考讨论，然后对学生进行指导，这些对于引导学生去领悟把握写作要领、有效提高学生的英语写作水平和积极性是至关重要的。

三、2007—2012 年广东高考读写任务试题命题特点分析和学生写作存在的问题

表 1

年份	涉及话题	写作主题	写作要点	作文体裁
2012 年	人际关系	就老师影响学生的话题谈谈想法	（1）上文使你想起哪位对你帮助最大的老师 （2）举例说明该老师对你学习或成长的影响 （3）你怎样看待老师对学生的影响	记叙文
2011 年	学校生活	讲述一次你（或你的朋友）想家的经历	（1）时间、地点和起因 （2）想家给学习或生活带来的影响 （3）你（或你的朋友）是如何应对的	记叙文

（续上表）

年份	涉及话题	写作主题	写作要点	作文体裁
2010 年	家庭教育	对用金钱鼓励孩子学习的现象进行议论	(1) 你对用金钱鼓励孩子学习的看法 (2) 你的父母（或其他亲人）是如何鼓励你学习的 (3) 你认为怎样才能更好地鼓励孩子学习	议论文
2009 年	旅游/人与自然	就“该不该禁止游客和动物拍照”进行议论	(1) 人们在参观动物园时为什么喜欢和动物拍照 (2) 假如你处在那些动物的处境，你会有什么反应 (3) 你认为是否应该禁止游客和动物拍照	议论文
2008 年	学校生活	谈谈理想的大学生活	(1) 对中学生活的感受 (2) 理想的大学生活 (3) 中学生活和大学生活的差别，以及你打算如何适应	发言稿（记叙）
2007 年	人际关系	表达对父亲的感恩	(1) 读信后的感受 (2) 以你自己成长的经历说明你的感受 (3) 表达你对父亲的感激和祝福	书信（记叙）

从表 1 来看，首先，2007—2012 年的广东高考英语读写任务的写作话题都是与学生的学习活动、日常生活息息相关的话题，如人际关系、学校生活、家庭教育、旅游等，没有偏、怪、难的话题。这完全与《普通高中英语课程标准（实验）》附录四的“话题项目表”列出的 24 个话题相吻合，体现命题者旨在考查学生写真人真事、写真实情感的能力。此外，2007—2012 年的读写任务都保持 3 个具体的内容要点，有非常明确的写作内容。

其次，从文章体裁来看，基本上要求学生写记叙文或议论文，或者是夹叙夹议的文章，记叙文的写作重在培养学生“述说”和“描写”的能力，描述事情发生与发展的过程以及事情发生的前因后果。而记叙文分为事实记叙文和想象记叙文。其中 2007 年的“以你自己成长的经历说明你的感受”、2010 年的“你的父母（或其他亲人）是如何鼓励你学习的”、2011 年的“讲述一次你（或你的朋友）想家的经历”和2012年的“举例说明该老师对你学习或成长的影响”是事实记叙文，是写已发生的真实事情，常用一般过去时；2008年和2009年的则是想象记叙文，是写虚拟的故事，常用一般现在时及将来时。而2009年的读写任务则体现学生的价值观，旨在培养学生保护野生动物、与动物和谐共存的观念。2010年则要求学生对“金钱能否成为激励手段”阐明自己的立场。

表2

语言功能	年份和对应的要点
表明立场、态度、看法	2009年：(3) 你认为是否应该禁止游客和动物拍照 2010年：(1) 你对用金钱鼓励孩子学习的看法 2012年：(3) 你怎样看待老师对学生的影响
表达情感	2007年：(1) 读信后的感受 2008年：(1) 对中学生活的感受 2009年：(2) 假如你处在那些动物的处境，你会有什么反应
提出建议	2008年：(3) 中学生活和大学生活的差别，以及你打算如何适应 2010年：(3) 你认为怎样才能更好地鼓励孩子学习 2011年：(3) 你（或你的朋友）是如何应对的

从表2可以看出，广东高考英语的读写任务要求学生能在不同的话题下表述自己的立场、谈谈自己的感受，这种开放性的写作要求设置使得学生在不脱离写作主题的情景下能够自由发挥自己的观点，畅所欲言，百花齐放。而要求学生表述出解决某个问题的方法或者措施则说明广东高考在英语作文中考查学生分析问题和解决问题的能力。

从笔者近几年来高考评卷获得的考生答卷分析情况来看，近六年来学生读写任务的全省得分率均在40%左右，其中2008年11.30分，2009年10.32分，2010年11.69分，还有很大的提升空间。而从学生的卷面看，学生的写作问题主要有四个：①审题不当，要点残缺；②句子机械堆砌，缺乏篇章意识，没有承上启下的衔接手段；③写作思路不清，逻辑不严密，语义不连贯；④没有英语句式观念，词汇匮乏，遣词造句能力弱，使用中文式表达。

四、支架式英语写作教学模式在高考备考中的有效运用

针对上面分析的广东高考读写任务命题特点、学生在考试中存在的问题，以及老师和学生在写作备考中的困惑，笔者结合高考的出题趋势和学生的实际情况，在连续四年的高三英语教学中，“以学生为中心”，引入支架式教学理论，以文章的体裁和话题为线索，把课前美文输入、课堂主题小组探讨、个人独立创作和“雕塑式”（Sculpture－wayed）的自我修改以及同伴佳作互赏有机地结合在一起，有效地提高了学生的语言综合运用能力，同时有效地消除了学生的写作恐惧情绪，大大提高了学生写作的积极性和成就感。

五、支架式英语写作教学模式的实践

支架式英语写作教学一般由以下四个环节组成（Von，Glasersfeld，1995）：预热、探讨、独立探索和协作学习。在支架式英语写作教学模式中，笔者把这四个环节具体化为课前美文输入、写前小组讨论、个人独立创作和自我修改，以及同伴佳作互赏。在这四个环节中，教师起到引导、帮助的作用。放手让学生自己探索，教师适时提示，最后做到无须教师引导而学生自己能在概念框架中继续攀升。小组协商、讨论和同伴佳作互赏环节，鼓励学生学习对方作品的闪光点，在共享集体思维成果的基础上达到对当前所学概念的全面、正确理解，最终完成对所学知识进行的意义建构。

这里以“Views On Studying Abroad”为例说明支架式英语写作教学模式中的四个阶段。

写作要求：
以约120个单词谈谈对出国留学的看法，内容包括：
①为什么越来越多的中学生选择毕业后出国留学；
②出国留学对于中学毕业生的利与弊；
③当你毕业后，你会选择出国留学吗？为什么？

根据题目要求，学生要表述导致“越来越多的中学生选择毕业后出国留学”的原因，正反对比阐述“出国留学的利弊”，表明自己的立场“是否会选择出国

留学”以及理由。

（1）课前美文输入。针对文章的篇章结构是学生的弱点的实际情况，笔者通过“支架”定位篇章结构，为此精心选择了一篇话题不同但是篇章结构相似的美文 *Blogging* 作为输入，让学生在课前自己去发掘、感悟正反对比文章的篇章结构特点，以及怎样阐明立场和表述理由，并且要求学生尝试列出本文的提纲。通过这个美文输入支架以及列提纲，学生能有意识地注意文章的衔接词，理清文章的脉络，让学生体会衔接语在连接语句和传递语意中的作用，逐步掌握正反对比文章的谋篇布局策略和技巧，消除写作时篇章结构的盲目无序性。当然，我们选择输入的美文必须经过精心的筛选和加工提炼，与欲输出的文章从篇章结构或者从主题的角度能真正起到“支架”的作用。同时还应该从“可理解输入”的角度根据学生的实际水平考虑文章的篇幅和难度，要适合学生的接受和理解水平。

Blogging

There is an increasing tendency for students to blog, which has led to a heated debate on what the blog will bring to people. Some people maintain that we can share ideas conveniently and relax ourselves by blogging *whereas* others complain that it's time-wasting.

Currently, blogging wins its popularity among students with the rapid development of the Internet. As we know, *everything has its pros and cons, and blog is no exception.* *On one hand,* blogs provide a platform for students to improve their writing skills. *Additionally*, blogs are like friends with whom they can share their feelings and experience. *Moreover,* blog is a cure for anxiety and tension for students who are fed up with plenty of exams and homework. *On the other hand*, blogging may harm our study since it takes up too much time. *Worse still,* some students may be misled because of the false and subjective information on blog.

As for me, I adopt a neutral attitude towards blogging. *For one thing*, we can take advantage of blogs to obtain more knowledge and skills for our bright future. *For another,* we are requested to avoid spending too much time on them so as not to overlook our study.

In all, we should weigh the pros and cons of blogging. ***While*** we enjoy the convenience it brings to us, we can't ignore its disadvantages. Only when we make proper use of blogging can we maximize its benefit.

（2）课堂主题小组探讨。通过美文输入，引导学生注意文章的篇章结构、行文和衔接。写作之前，帮助学生围绕主题搭建"话题式脚手架"，利用情境任务激发学生对出国留学这个话题的关注和兴趣，利用"头脑风暴"等方法激活与出国留学相关的词块、句式和想法，使学生处于交互式的学习情境中。教师使用 web-spider 在黑板上让学生以小组为单位写下与"study abroad"相关的单词、词组和句子。学生的思维一下子开阔起来，以下是呈现出来的部分短语：learn advanced science and technology, make new friends, broaden our views, deepen one's understanding, find a good job in the future, have a good command of English, feel homesick, get used to a new environment, learn to be independent, bear huge financial burden，面对语言障碍（face language obstacles），增长知识（expand one's scope of knowledge），有些同学还说出中文，向同学和老师求助。通过"头脑风暴"法引爆话题，小组形式呈现，不仅拓宽写作的思维和角度，还扫除语言障碍，预防写作时出现"无话可说"和"言必中式"困境。

（3）个人独立创作和"雕塑式"的自我修改。在"头脑风暴"的帮助下，学生根据写作要求梳理写作要点，独立进行创作。完成作文以后，从单词拼写、句子结构、标点符号、句子间的衔接等方面进行自我的修改和提升。雕塑作品由初稿到成品的精雕细琢过程遵循了从粗放到细致的艺术加工过程，写作过程与雕塑过程是类似的。（关世民，2011）老师应把出现的问题作为引导学生学习的契机，引导学生互相发现问题并修改；如有需要，可以进行谋篇布局和行文连贯的技巧点拨，帮助学生沿概念框架逐步攀升。起初的引导、帮助可以多一些，以后逐渐减少，越来越多地放手让学生自己探索；最后做到无须教师引导，学生自己能在概念框架中继续攀升。

（4）同伴佳作互赏。完成写作以后，要求学生以小组为单位相互评价小组成员的作文（Peer Assessment）。如表 3 所示。

表 3

Peer Assessment

Learn from your peers and choose the best article in your group.（给出 A、B、C、D 等级）

项目/姓名				
1. 信息要点				
2. 闪亮短语				
3. 句型结构				
4. 篇章连贯				

1. Underline both mistaken or confusing parts with “____” and excellent ones with “__”.

2. Superb expressions in your peers’ ***masterpiece***:

Phrases: ____

____

Sentences: ____

____

Coherence: ____

3. Present some beautiful articles/sharp expressions.

现代心理学揭示，当人在重复一件没能给他带来成就感和满足感的事情时，其活动的动机便呈下降趋势。因此，为了增强学生的习作成就感和满足感，继续保持他们写作的积极性，小组互评侧重引导学生学习同伴优秀的作品。互评可以鼓励学生健康向上地竞争，激发竞争意识，促进每个学生尽力提供最好的作品，而且纠错质疑的过程又是语言知识再现和再复习的过程，能使学生在交流中得到更多的帮助，收获不同的语言思维和语言表达方式，补充和丰富自己的语言学习。(腾家庆，张利琴，2010）佳作互赏环节使新课标中要求的“修改自己的习作，并主动与他人交换修改”及“愿意将自己的习作读给人听，与他人分享习作的快乐”自然无痕地得以落实。此外，通过学习他人的优秀作品，同学们对知识的自我建构达到新的水平。例如，对于“当你毕业后，你会选择出国留学吗?为什么”的写作要点，同学闪亮表达可谓百花齐放，表 4 是当时学生写到黑板上分享的部分精彩表述。

表 4

1. ***Taking all into consideration, I am in favor of*** studying abroad after graduation for the reason that I am eager to experience those exotic cultures as well as hardships without the protection of my parents. 2. ***In brief, I am firmly for*** studying abroad for the tremendous benefits it will bring, like broadening my views, enriching my life experiences... 3. ***After weighing its pros and cons, I still have a preference for*** studying abroad because I can learn to be independent. 4. ***On the whole, I adopt an optimistic attitude towards*** studying abroad and will choose to further my study abroad because... 5. ***To sum up, I prefer to study*** abroad after graduation for it can provide me with a chance to experience totally different customs and cultures. 6. ***All things considered, I would rather choose*** to study abroad after graduation for I can deepen my understanding of foreign customs and cultures

在这一环节，因为佳作的欣赏不仅着眼于整篇文章，也鼓励佳句展示，这就使每一位的同学特别是基础相对落后的同学都能感受到自己的作品也是有闪光点，从而增强写作的信心和兴趣。

在支架式英语写作教学模式的实践中，为了提高学生语言表达能力，教师在佳作互赏的环节，可以强调"一句多译"，使学生在相互学习中丰富自己的词汇和句式。例如，在练习 2010 年高考中的写作内容"（1）你对用金钱鼓励孩子学习的看法"时，学生就写出了如下的句子表述立场，充分体现了词汇和句式的多样化。

表 5

1. ***In my eyes, it's ridiculous to urge*** children to work diligently with money. 2. ***From my personal dimension, I am absolutely against motivating*** children to study diligently with money. 3. ***Personally, I consider it unwise to encourage*** children to study diligently by cash. 4. ***In terms of me, I voice strong objection to stimulating*** children to study with money. 5. ***As for me, I adopt an opposed attitude towards driving*** children to study with money.

此外，正如语言学家所说："当学习者有可理解性的输入时，语言学习将会发生，语境有助于语言学习的发生（转引自 Johnson，2002）。""没有死的落实积累，就不可能有灵活的输出和应用"。所以教师要重视学生经典美文积累的落实，可以通过小组相互检测以及老师抽检进行检测反馈。此外，Swain（1985，转引自 Johnson，2002）在认识到"可理解性输入"重要作用的同时，提出了"输出假设"。该假设认为，理解语言与表达语言是不同的技能，而语言表达的技能只有通过促使学习者进行语言输出才能得以发展。因此不难看出，光有输入是不足以习得语言的，输入与输出的有机结合才有利于促进语言习得。所以学生丰富自己的积累的同时，要通过反复的练习进行强化，才能达到"庖丁解牛，游刃有余"的境界，才是真正习得语言。

六、结束语

采用支架式英语写作教学模式，以文章的体裁和话题为线索，通过课前美文输入、课堂主题小组探讨、个人独立创作和"雕塑式"的自我修改，以及同伴佳作互赏等步骤，让学生在美文输入中夯实语言表达基础，在课堂主题小组探讨中拓宽写作思维和角度，在自我修改和相互欣赏中提升语言表达能力，构建新的语言知识框架，在完成读写任务时能做到"要点完整，语言规范，句式多样，词汇丰富"，写出自然、地道、富有创造性的文章来，增强学生写作的自信心和成就感，使学生乐于写作。

"教育有法，教无定法，贵在得法。"要提高学生的英语写作能力绝非一朝一夕之功。广东高考的读写任务既要求学生有一定的英语语言知识的输入和积淀，更要求学生能准确应用自己积累的语言知识表达自己的思想、情感、态度等意识和能力，这些都需要老师引导学生科学、系统、长期、有意识地积累和训练。因此，培养学生的写作能力，要在平时从学生的实际水平出发，有目的、有计划地遵循学生的认知规律，循序渐进地进行，频反馈、严要求、重落实。只有这样，学生在高考时才能做到厚积薄发、思如泉涌、下笔如有神。

参考文献

[1] 杨文娟. 主题写作活动对提升学生综合语言运用能力的有效性例谈. 中小学外语教学，2011（9）.

[2] 中华人民共和国教育部. 普通高中英语课程标准（实验）. 北京：人民教育出版社，2003.

[3] 范琳，张其云. 建构主义教学理论与英语教学改革的契合. 外语与外语教学，2003（4）.

[4] 陈凤梅. 利用作文讲评提高学生的英语写作能力. 中小学外语教学，2011（9）.

[5] 武晓燕. 试论建构主义理论对英语教学的启示. 外语与外语教学，2006（2）.

[6] 侯万春. 建构主义教学观与大学外语教学. 四川外语学院学报，2000（3）.

[7] 康艳. 新课程理念下影响英语教学有效性的因素分析. 中小学外语教学，2011（3）.

[8] 关世民. 中学英语写作教学知识体系的建构：意义、内容与策略. 中小学外语教学，2011（2）.

[9] 舒丽萍. 依托美文的小语段输出活动. 中小学外语教学，2011（4）.

新课标下培养高中生英语自主阅读能力的实践与探索

孙 静

【摘要】自我学习能力作为一个人的核心能力之一，对其他能力的发展具有决定作用；新课程标准倡导自主、合作、探究的学习方式，但在教学实践中，不少学生仍处在被动阅读阶段，从而造成学习效率低下。针对这种情况，笔者在多年英语教学中，结合新课程标准的要求，努力探索激发学生的自主阅读动机，培养学生的自主阅读习惯和提升学生的自主阅读能力，从而提高了学生的英语水平，取得了良好的效果。

【关键词】高中英语　自主阅读　学习动机

阅读是获取信息的主要渠道，阅读在目前的高中英语阅读教学中占有重要的地位，自主阅读（Autonomous Reading）即学习者有意识地、主动地、积极地学习，是培养学生自我学习能力的重要载体，为学生将来进入社会实现终身学习创造条件。教育部于2003年颁布的《普通高中英语课程标准（实验）》（以下简称《标准》）指出：高中英语课程要在全面提高学生听、说、读、写四项技能的前提下，着重培养学生的阅读能力。《标准》对高中英语阅读量也作了要求，如高中六级应累计达到18万词，七级应达到23万词，八级应达到30万词。

笔者在多年的高中英语教学中发现：多数学生都处于被动阅读阶段，并且阅读内容也只限于课文。被动阅读极大地限制了学生的知识面，影响了阅读能力并且导致了学习成绩不理想。为改变这种状况，笔者一直在尝试引导学生进行自主阅读，调动学生的积极性与主动性，让学生真正地成为学习主体，培养英语综合运用能力，同时发展良好个性，激发创造力，提高学生的英语素养及人文素养，在实践中取得了良好的效果。笔者多年来培养高中生英语自主阅读能力，主要从激发学生的自主阅读动机、培养学生的自主阅读习惯和提升学生的自主阅读能力三个方面展开。

一、寓读于乐，激发学生的自主阅读动机

“外语学习动机”（English learning motivation）是人类行为动机之一，表现为渴求学习外语的强烈愿望，是直接推动英语学习的内部动因，是英语学习者在英语学习中的一种自觉能动和积极的心理状态（贾冠杰，1998）。因此，有强烈动机的英语自主阅读往往是有效、快乐的。笔者主要采用以下方法激发学生的自主阅读动机。

1. 让学生体会到阅读的乐趣

“知之者不如好之者，好之者不如乐之者”，丰富有趣的阅读材料能提高学生学习的兴趣，变乏味为趣味，从而能够自主阅读。笔者在教学中坚持循序渐进的原则，从一开始就精选一些有趣且有意义的学习材料，推广“快乐阅读”“休闲阅读”等学生容易接受的阅读方式，让学生体会到阅读的乐趣，让阅读成为一种休闲方式，直至成为生活中不可或缺的一部分，实践证明效果显著。

2. 设法让学生体会到英语阅读的重要性

古人云：“书不记，熟读可记；义不精，细思可精；惟有志不立，直是无著力处。”读书首在立志，英语阅读亦不例外。笔者在教学中，引导学生意识到英语阅读的重要性，让学生认识到英语是联系世界的桥梁，是中西文化交流的重要工具。设法让学生认识到这一点至关重要。笔者在教授 *The United Kingdom* 时，让学生独自阅读完课文后，充当文化旅行者模拟到英国发掘当地文化然后传播到中国；在广州举办亚运会前夕，让学生阅读完英语版宣传材料后扮演亚运会志愿者介绍广州等。学生们积极投入准备，感觉学到了很多东西，也逐渐意识到阅读是获取信息的主要途径。

3. 建立一套激励机制

笔者在课堂上实行小组和个人积分，定期评出“自主阅读之星”，并颁发奖品。这样会使学生感到无比光荣，接着也会带动其他同学自主阅读英语的积极性。

二、帮助学生扫除阅读障碍，培养良好的自主阅读习惯

培根曾经说过：“习惯是一种顽强的力量，它可以主宰人生。”习惯总是伴

随人的一生。没有良好的阅读习惯就谈不上自主阅读。笔者在教学中发现，很多学生在阅读的时候存在以下不良现象：①词汇严重不足；②掌握句法和语法不充分；③指读或笔读；④唇读等。这些不良习惯极大地影响了学生的阅读速度和阅读质量。因此笔者在教学实践中，从以下几个方面培养学生的良好阅读习惯。

1．帮助学生扫除阅读障碍，提升自主阅读成就感

笔者发现，很多学生在英语阅读中最大的障碍就是词汇。一个有志于掌握一门外语的中学生，应努力扩大自己的词汇量。英语教师在这方面更有着不可推卸的责任。笔者在教授单词时，往往采用以下做法：①把每单元的单词分成阅读词汇和写作词汇。因为阅读词汇通常只需认识就可以了，这样可以减轻学生的负担。②根据自己的经验指导学生学习掌握一词多义和一词多词性的单词。因为有些在课文中学过的单词放到另外的语境中就变成了生词，影响学生的理解。为了避免这些问题，教师必须带领学生做好平时功，才能够功到自然成。③学习构词法，“授人以渔”，可以帮助学生轻松地扩大词汇。

学生在阅读中遇到的第二大障碍就是句法，包括长难句等。一般来说，造成长句的原因有三方面：修饰语过多、并列成分多、语言结构层次多。笔者设法让学生掌握分析长句的方法，化繁为简，化难为易。例如，阅读文章中有这样一句话：For a family of four，for example，it is more convenient as well as cheaper to sit comfortably at home with almost unlimited entertainment available than to go out in search of amusement elsewhere.

分析：①该句的主干为 it is more … to do sth. than to do sth. else，是一个比较结构。②该句中共有两个非谓语结构，它们之间的关系为：it is more convenient as well as cheaper to … 为主体结构，it 是形式主语，真正的主语为第一个非谓语结构 to sit comfortably at home，并与第二个非谓语结构 to go out in search of amusement elsewhere 作比较。③句首的 for a family of four 作状语。另外，还有两个介词短语作插入语：for example，with almost unlimited entertainment available，其中第二个介词短语修饰 to sit comfortably at home。经过分析，学生就理清了句子的结构，意思自然也就明白了。

笔者就是这样指导学生掌握句子结构和句子成分，让学生懂得：不管一个句子多长，只要找出它的句子主干，然后圈出连词，那么这个长句子的框架就赫然跃于纸上了，明白了框架也就了解一个句子的大概意思了。

2．帮助学生掌握科学的阅读方法，提高阅读效果

科学的方法往往能助人事半功倍。阅读方法包括速读、略读、跳读、精读等。向学生传授科学的方法可以保证学生在自主阅读时有据可依，有章可循，从而高效地完成阅读任务，取得良好的成绩。长此以往，成功激发学生的自主阅读兴趣自然就会水到渠成。教育家夸美纽斯认为：“正确的教学应能激起学生求学的欲望，对学习感兴趣并感到愉快。”兴趣是最好的老师，通过科学的方法能够引起学生的阅读兴趣。

3. 小组合作，使自主阅读真正落到实处

教师对学生自主阅读的监控往往是有限的，然而在小组长带领下的小组合作（4 人为一小组）阅读恰恰弥补了这个不足。小组合作阅读是一种阅读教学策略。在小组合作学习的过程中，共同的学习目标将小组成员的个人利益与小组的集体利益紧紧地联系起来。为了达到共同的学习目标，小组成员分工协作、互相学习、互相帮助，使小组的学习活动建立在和谐的氛围之中。小组合作学习增强了学生对他人的了解和对相互依存的认识。笔者经常把一篇文章分成 4 个部分，小组成员分工自主阅读，然后向组员复述自己所读部分的内容或者讲解所读部分的好词佳句，大家互相督促、互相学习并且共同进步，而且这样的分工减轻了学生的阅读负担，同时又迫使他们一定要认真读懂，然后才能交流。实践证明，这种方法能有效地促进学生自觉认真阅读，同时还能增强团队精神和沟通能力。

4. 适当评价，成就学生坚持自主阅读的动力

学生是评价的主体，所有评价活动的宗旨在于促进学生进一步有效地学习。要以发展的眼光进行评价，以激励的方式评估学习。评价既要体现教师对学生的关心和期望，又要激励学生自主自强；既要学生充分看到自己的进步，又要学生客观地认识自己的不足。在评价内容方面，既要评价学生的学习过程，又要评价学生的学习习惯；既评价英语语言知识的掌握，又评价综合运用语言的能力。评价可采用学生自评、师评和生生互评等多种方式。

三、优化教学，全面提升学生的自主阅读能力

《标准》明确要求高中学生要学会自主学习。在阅读方面，笔者认为学生只有掌握了一定的自主阅读能力，才有可能做到自主阅读，否则只能被动阅读，令结果与目标越来越远。高中阶段课程多、上课内容多、课后作业多。学生为了应付这“三多”就已经疲惫不堪了，根本谈不上什么自主阅读。笔者观察发现，高中阶段英语成绩突出的学生都在坚持自主阅读，包括独立完成阅读材料的泛读和精读，所以他们不会为学习所累，也从不抱怨学习的艰辛。笔者通过跟踪部分

往届学生发现，高中阶段所培养的自主阅读能力是学生日后可持续性发展的一个重要因素。因此在教学中笔者一直非常重视培养学生的英语自主阅读能力，包括独自查阅词典和参考书的能力、快速获取信息并传达信息的能力、猜词能力、分析判断和推理能力等，这些能力的提升意味着学生可以向纵深发展，追求更大的进步和成功。

总之，培养学生的自主阅读是一项长期而艰巨的任务，需要老师和同学的共同努力才能达成目标。成就学生的自主阅读一定可以为高中英语阅读教学插上飞翔的翅膀，使教师教有所成，学生学有所获。

参考文献

[1] 中华人民共和国教育部. 普通高中英语课程标准（实验）. 北京：人民教育出版社，2003.

[2] 贾冠杰. 外语教育心理学. 南宁：广西教育出版社，1996.

[3] 夸美纽斯. 夸美纽斯教育论著选. 任宝祥，等译. 北京：人民教育出版社，2005.

[4] 陈玉香. 新课程标准下的高中英语阅读教学新谈. 中小学英语教学与研究，2010（7）.

[5] 杨飞鸽. 新课改下高中英语“三步”阅读技能的培养. 中小学英语教学与研究，2010（7）.

[6] 李秋颖. 激发学习动机的案例评析. 中小学英语教学与研究，2008（2）.

新课程标准下的英语写作策略

邓莉云

【摘要】《普通高中英语课程标准（实验）》中提出综合语言运用能力的形成建立在语言技能、语言知识、情感态度、学习策略和文化意识等素养整合发展的基础上，其中语言技能中对写作提出明确的要求。本文根据《普通高中英语课程标准（实验）》中的要求，首先从理论上重点运用 Krashen“监察模式”理论中的语言输入假说，探讨英语课堂写作的新模式，提出语言输入的重要性，从实践的角度讨论如何提高学生用英语进行思维和表达的能力。

【关键词】语言输入　英语写作

一、引言

随着科学技术的迅速发展和信息技术的广泛运用，英语教学面临着前所未有的挑战。现行的《普通高中英语课程标准（实验）》明确提出了综合语言运用能力的形成建立在语言技能、语言知识、情感态度、学习策略和文化意识等素养整合发展的基础上。其中，语言技能和语言知识是综合语言运用能力的基础。语言技能中对写作提出了明确的要求。在实际教学中，面对英语高考试题改革中写作分值所占比重越来越大，但多年来学生英语写作能力提高不甚明显的现状，如何帮助学生形成有效的写作策略、培养并提高学生英语写作能力成为高中英语教学重要的一环，也是每一个英语教育工作者面临的现实问题。针对该问题，本文从教学实践的角度探讨利用英语课堂写作的新模式，提出从语言输入着手，提高学生的英语写作水平。

二、理论依据

1.《普通高中英语课程标准（实验）》对写作的要求

根据高中学生认知能力发展的特点和学业发展的需求，高中英语课程应强调在进一步发展学生综合语言运用能力的基础上，着重提高学生用英语获取信息、处理信息以分析问题和解决问题的能力。特别注重提高学生用英语进行思考和表达的能力。

《普通高中英语课程标准（实验）》中的语言技能目标（八级）对写作要求提出以下几个目标：

（1）能根据所读文章进行转述或写摘要；

（2）能根据用文字及图表提供的信息写短文或报告；

（3）能写出语意连贯且结构完整的短文，叙述事情或表达观点和态度；

（4）能在写作中做到文体规范、语句通顺。

2. Krashen 语言输入理论

20 世纪 80 年代初，美国著名应用语言学家斯蒂芬·狄·克拉申（Stephen. D. Krashen）提出了一套完整的第二语言习得理论——“监察理论”（又称“监察模式”），在其著作 *Principles and Practice in Second Language Acquistion* 中提出五种假设：①习得与学习假说（Acquisition - Learning Distinction Hypothesis）；②自然顺序假说（Natural Order Hypothesis）；③监控假说（Monitor Hypothesis）；④输入假说（Input Hypothesis）；⑤情感过滤假说（Affective Filter Hypothesis）。Krashen 将他的五大假说进行了汇总，并做了细致的描述和论证，同时也肯定了输入假说的重要地位。他认为输入假说“也许是当今第二语言习得理论中唯一最重要的一个概念”（Krashen，1982），因为它回答了语言学习中的一个关键问题，即怎样习得语言，尤其是外语。Krashen 认为单纯地主张语料输入是不够的，学习者需要的是“可理解输入”（comprehensible input），“可理解输入”是语言习得的必要条件。所谓“可理解输入”，是学习者听到或读到的可以理解的语言材料，这些材料的难度应该稍微高于学习者目前已经掌握的语言知识。如果语言材料中仅仅包含学习者已经掌握的知识或者语言材料太难，那么这对语言习得都没有意义。Krashen 把当前的语言知识状态定义为 i，把语言发展的下一阶段定义为 i + 1。这里的 1 就是当前语言知识与下一阶段语言知识之间的距离。只有当学习者接触到属于 i + 1 水平的语言材料，才能对学习者的语言发展产生积极作用。

语言输入的作用就是激活大脑中的习得机制，而激活的条件就是恰当的可理解的语言输入。输入假说还强调，语言使用能力如口语，不是教出来的，而是随着时间的推移，接触大量的可理解语料之后自然获得的，同时也能获得必要的语法。可见，“可理解输入”是习得语言的关键，教师的最大职责就是让学生接受尽可能多的可理解的语料。笔者根据教学的实践与观察，体会到输入假说在英语写作中的指导作用，对达到《普通高中英语课程标准（实验）》中的写作目标有实践的意义。

三、结合课例，在英语课堂上提高学生写作水平的步骤和措施

1. 以增加“可理解输入”为中心的引入

传统的英语写作教学由于偏重写作体裁、语法、词汇等的讲解，使得学生的“可理解输入”达不到一定的量的标准，造成了学生语言实际运用能力的低下，未能达到《普通高中英语课程标准（实验）》中“提高学生用英语获取信息、处理信息、分析问题和解决问题的能力，特别注重提高学生用英语进行思维和表达的能力”的要求。要想进一步提高学生的综合语言运用能力，即使是英语写作课，也同样可以运用不同的方式，如充分利用现代化的教学手段——多媒体教学或各种活动，充分调动学生参与课堂的积极性，使外语课堂教学变得更有成效。写作课也不例外。在课堂上，教师可向学生提供“可理解输入”，并尽可能地向学生提供熟悉、有趣且相关的话题，引导他们利用语境和自己原有的知识来理解输入。提供有效的语言输入不仅可以依靠教学材料和课程设置，还可以依靠教师捕捉语言输入的机会，在合适的机会及时、大量地提供能被学生理解的输入。譬如，教师在课堂上用英语授课、教师与学生用英语进行交谈、学生之间用英语进行交际活动等都是不错的语言输入方式。

在笔者的一节写作专题课上（普通高中课程标准实验教科书《英语》模块7 Unit 2 Robots），该单元谈及Robot技术的发展及其在实际生活中的运用。针对学生议论文写作掌握不够好的现状，设计了“Robot，beneficial or not”的专题写作。笔者摒弃了教师先介绍分析文章体裁，再列举文章框架，然后让学生模仿、老师讲评的传统模式，大胆采用给学生提供“可理解输入”（一篇英文范文 *Robots and Mr. Leachim*）模式，让学生通过小组合作方式自行分析问题、归纳文章结构从而后解决问题（运用英语思维、将个人观点表达出来），以达到写作的目的。最后充分发挥学生“自我探究，主动实践”的精神，通过“自评—小

组互评—师评”的方式对文章做出评价。

教师以一篇文章 *Robots and Mr. Leachim* 作为引入。不用传统的“给出文章，学生阅读”方式，而引导学生将文章的主题句提炼出来，并将六个句子按四人小组为单位打印并剪成六个独立的句子。在教师的引导下，学生先分析文章题目“Robots and Mr. Leachim”，猜测文章如何根据题目论述，再要求学生以四人小组为单位将六个句子按逻辑顺序排序，分析句子在文章中的作用。以一篇学生可以理解的文章作为引入，指导学生通过动手裁剪材料和小组讨论，获取必要的信息，该方式比教师纯理论的输入更为直观，也提高了学生动手参与课堂的积极性和用英语思考的综合语言运用能力。

2．让学生动手参与，提高分析问题的能力

没有学生的动手参与和实践，英语学习就只能停留在理论学习的阶段，而《普通高中英语课程标准（实验）》对“写”的方面有了明确的要求，要求学生通过大量的专项和综合性语言实践活动，形成综合语言运用能力，为真实语言交际打基础。因此，尤其在写作方面，只有持之以恒的锻炼才能提高学生的英语写作水平。而且，新的课堂教学提倡“以学生为主体，教师为主导”的教学模式，教师应通过教法的调整，提高学生学习的兴趣，充分发挥学生的主观能动性去参与。倡导教学要以学生为中心，目的是让学生有足够的时间参与各项课堂活动，使语言运用能力得以提高。教师应由原来单纯的知识讲授者向课堂活动的设计者、管理者，以及学生实践活动的指导者和合作者等多重角色转变。教师在传授知识的同时，要侧重对英语学习方法的介绍和引导，培养学生的自信心与良好的自主学习习惯和能力，为他们日后的进一步学习打下良好的基础。

因此，在笔者这节写作专题课上，通过引入，让小组内学生排序，找到了文章的主题句，进入了下一个让学生自行讨论、分析问题的环节。教师引导学生对该范文的架构开展小组讨论，归纳得出以下议论文模式：

Paragraph Outline

Topic sentence ______________________________

First advantage / disadvantage ______________________________

Supporting details ______________________________

Second advantage / disadvantage ______________________________

Supporting details ______________________________

In addition, (Third advantage / disadvantage) ______________________________

Supporting details ______________________________

Concluding sentence ______________________________

3. 培养学生用英语思考和表达，提高解决问题的能力

《普通高中英语课程标准（实验）》明确提出要着重提高学生用英语进行思考和表达的能力、分析和解决问题的能力。因此，学生的自行思考、用英语表达自己的观点显得尤为重要。学生要把输入的信息经过加工、处理变成输出的信息，应加强基本功的训练及语篇的训练，在阅读过程中揣摩作者的写作意图、模仿作者的遣词造句和篇章结构，训练多了，写的能力自然会得到提高。在平时教学中，教师应注意加强对学生基本功的训练：

（1）让学生牢记五种基本句型，这对夯实英语基础有很大的好处。

主语 + 谓语（系动词） + 表语 S + V + P；

主语 + 谓语（不及物动词）S + V；

主语 + 谓语（及物动词） + 宾语 S + V + O；

主语 + 谓语（及物动词） + 间接宾语 + 直接宾语 S + V + IO + DO；

主语 + 谓语（及物动词） + 宾语 + 宾语补足语 S + V + O + C。

（2）复习一些基本的连接词，连句成篇。近年高考的评分标准中，“有效采用不同连接手段”“行文连贯”是书面表达标准之一，恰当地使用一些过渡性词语，会使得文章结构严密，增强说服力、感染力。在平时的教学中注意渗透连接词的运用，让学生牢固掌握，以便于写作时能正确使用，增加文章的连贯性。平时引导学生归纳以下常见的过渡词：

①表并列：besides，in addition，what's more，moreover…

②表转折：however，nevertheless，yet…

③表原因：because of，thanks to，owing to…

④表结果：thus，therefore，as a result…

⑤表列举：namely，for example，for instance，that is to say…

⑥表结论：to conclude，in a word，in brief…

（3）鼓励学生适当使用复合句。针对高考对学生的书面表达能力提出了更高的要求，如书面表达评分标准中提到“应用较多的语法或较复杂的结构”“具备较强的语言运用能力”，所以在平时的教学中，在基本句型训练的基础上，就要着力提高学生恰当、正确运用复合句的能力，鼓励学生尝试一些较复杂的语法结构，以使自己的书面表达上一个档次。教师应在平常的教学中渗透复习并巩固一些基本的复合句，如定语从句、状语从句、主语从句、表语从句、宾语从句、同位语从句等。

（4）进行良好的学习习惯的培养。加强对学生书写的规范化训练，有利于学生形成良好的英语学习习惯，并在高考的书面表达中避免因书写难以辨认而导致的降等失分现象。因此，在训练书面表达时，要养成书写工整、规范、卷面整洁的好习惯。

在笔者的英语写作专题课中，经过引入、讨论环节，就进入学生就本次写作专题“Robot, beneficial or not”进行写作的环节。首先，让学生通过思考与讨论，根据小组归纳的议论文的模式，选定自己的观点（beneficial or not）；然后展开讨论，罗列主题句和支持细节并写成提纲；再经过整理，连句成篇，根据提纲写出文章初稿。

4. 在评价中体现学生“自我探究、主动实践”的原则

《普通高中英语课程标准（实验）》中指出：评价是英语课程的重要组成部分。英语课程的评价应根据课程标准的目标和要求，实施对教学全过程和结果的有效监控。通过评价使学生在英语学习过程中不断体验进步与成功，认识自我，建立自信，调整学习策略，促进学生综合语言运用能力的全面发展。

由于学生是学习的主体，教师应使学生认识到自我评价对于学习能力发展的意义。同时，加入小组评价等方式，能有效地起到学生互相学习、互相促进的作用，通过互相合作与共同参与，鼓励学生参与课堂，不断提高学习的自主性，也有助于在课堂上创设良好的英语学习氛围。

笔者本节写作专题课采取了“学生自行修改—自我评价—小组评价—教师评价”的方式。在课堂中，教师给出了以下几个问题，让学生思考并完成：

①Does your paragraph have a title?

②Does your paragraph have a topic sentence?

③Does your topic sentence have a controlling idea?

④Do your reasons support your topic sentence?

⑤Are your ideas in the correct order?

⑥Does your paragraph have a concluding sentence?

四、结束语

在英语教学面临更多挑战的今天，新课程标准的实施给教师带来了教学实践的启发与深思。学生英语写作水平的提高不是一蹴而就的事情，以上是笔者在平时的教学实践中总结的几点尝试。英语写作是一个值得深思的教学环节，新教材中许多素材与环节有待充分地利用和更有效地挖掘，教学的方法也有待不断提高。教师应该不断学习钻研，致力于提高学生学习英语的兴趣，充分利用各种资源，鼓励学生积极参与到学习中去，并进行持之以恒的锻炼，这必定会对提高学生的写作水平会有更大的帮助。

参考文献

[1] 中华人民共和国教育部. 普通高中英语课程标准（实验）. 北京：人民教育出版社，2003.

[2] KRASHEN S D. Principles and practice in second language acquisition. New York：Pergamon Press Ltd.，1982.

[3] 陈琳等. 普通高中英语课程标准（实验）解读. 南京：江苏教育出版社，2004.

[4] 布鲁高. 英语阅读与表达. 七市高中选修教材编写委员会改编. 北京：机械工业出版社，2005.

形式图式对高中生说明文阅读理解能力影响的实验研究

谭　佳

【摘要】本研究以图式理论和阅读认知加工理论为基础，采用实证研究法，通过构建说明文常见形式图式及对学生进行说明文形式图式知识训练，以期提高学生说明文阅读理解水平。通过前测和后测来检验形式图式对高中生说明文阅读理解能力的影响。实验结果表明，英语说明文形式图式的教学方式能够提高高中生说明文图式的结构意识和敏感性。与控制组相比较，实验组的说明文阅读理解能力有显著提高。

【关键词】图式理论　形式图式　阅读理解　说明文　高中生

一、研究背景

阅读一直是高中英语教学的重要内容，在高中英语教学中占有非常重要的地位。随着2003年《普通高中英语课程标准（实验）》的颁布，高中生英语阅读水平被要求达到一个更高的层次。英语阅读理解在高中英语试卷中所占比例最大、分数最多，难度也逐年增大。学生和老师投入了大量的时间和精力，但学生的阅读理解能力并没有得到有效提高。说明文是高中英语阅读理解文章中最常见的文体之一，因其多变的形式和丰富的内容而成为提高高中生阅读理解能力的难点。

20世纪60年代以来，认知心理学以信息加工的观点来揭示人类认知过程的内部机制，使得人们能够深入地探讨学习的内隐过程。图式是表征人类一般知识的一种心理结构。“图式”一词最早出现于康德的著作，他阐述了图式在知识获得中的重要作用。受康德的影响，心理学家皮亚杰丰富和发展了图式理论。随着认知心理学研究的不断深入，现代图式理论应运而生。现代图式理论是关于知识储存与应用的理论，产生之后很快被运用在语篇的阅读理解教学研究中。根据图式阅读理论，读者的阅读理论有三种图式：语言图式、内容图式和形式图式。形式图式，也称为结构图式，是指读者关于文章结构的知识，也就是文章信息的组合方式。在阅读过程中，如果激活了相关的形式图式，就可以容易地发现文章的结构，知道文章的内容是如何被组织起来的。形式图式越丰富，读者对不同结构的文章的信息及组合方式掌握得越准确，阅读的效率就会越高。

在英语阅读理解教学中以适当的理论为基础来帮助高中生提高英语阅读理解能力是非常有意义的。英语说明文也有自己的形式图式，在阅读教学中，有些学生可以意识到说明文的结构特征，有些学生则不能。高中阶段常见的英语说明文形式图式有以下三种：描述型、问题—解决型、对比—比较型，这也给英语说明文的形式图式阅读教学提供了可操作性的指导。

二、实验设计

（一）研究目的

本课题的实验目的在于通过在英语说明文阅读理解教学中运用图式理论来验证形式图式的训练对提高高中生阅读理解能力有所帮助，从而对高中英语说明文阅读理解教学有所启示。本课题主要针对以下两个问题进行实验研究：

（1）英语说明文形式图式训练是否可以增强高中生对说明文结构的敏感性？

（2）英语说明文形式图式训练的教学方式是否可以提高高中生说明文的阅读理解能力？

（二）被试

受限于各种客观条件，本项课题研究无法对被试进行随机抽样，以广州市某中学高一年级笔者所任教的两个平行班的学生为被试，两个班随机被定为实验组和控制组。两组学生平均年龄均为 16 岁，其中实验组男生 21 人，女生 31 人；控制组男生 20 人，女生 32 人，性别分布相似。两组的中考英语平均分分别为 136.35 和 137.29，控制班平均分略高于实验班。

（三）研究工具

1. 训练材料

该项课题研究所采用的训练材料主要来源于学生教材，即普通高中课程标准实验教科书。

2. 测试材料

（1）说明文阅读理解能力测试。对参加本次研究的两个平行班，即实验组和控制组进行两次英语说明文阅读理解测试。前测的目的是检测实验组和控制组的说明文阅读理解能力是否相近，以确定此次实验是可信的和可行的。后测在进行为期五周的同质但有差别的说明文阅读理解教学之后进行，检测在英语说明文阅读理解教学中基于图式理论的形式图式训练是否对提高高中生英语说明文阅读理解能力有积极的影响。前测和后测试卷包含的说明文阅读理解文章均选自历年的高考试题和高考模拟试题。因为高考题是根据《高考说明》和新课程标准的要求，经过命题专家和高考命题小组共同研制的，保证了试题的权威性、可信性和有效性。为了避免出现太难或者超出高一学生英语学习水平的情况，实验中对一些生词进行了汉语标注。

（2）说明文结构意识测试。为了检测形式图式知识的训练对被试文章结构意识的影响，笔者选择了三篇主题内容相同但形式结构不同的文章。测验要求被试回答以下问题：①说明的对象是什么？②每段主要说明的问题是什么？③文章各段之间及与说明对象的关系是什么？④请画出文章的结构图。

3. 访谈

在为期五周的实验中，笔者在实验组对个别学生通过口头或书面的形式进行了访谈，主要目的是了解在实验过程中实验组的被试对于图式知识的习得情况及实验效果。

（四）方法和实验步骤

1. 方法

本课题运用了实验研究法。遵循学科教学大纲和教材体系，不增加教学时长，通过改变教学方法，提高高中生的说明文阅读理解能力。

2. 实验步骤

本实验主要由前测、为期五周的同质差别英语说明文阅读理解教学、后测构成。

为确认两组学生的英语阅读理解水平相当，实验前进行了一次说明文阅读理解测试，测验过程中，各有一位老师负责监督被试的答卷情况和考场纪律等变量，确保实验严格进行。测试内容为3篇说明文、15道选择题，每题2分，共计30分，限时30分钟完成。

在五周的实验教学中，笔者在实验组进行以图式理论为基础的有目的、有计划的英语说明文阅读理解教学，注重图式知识的积累和运用，有意识地训练学生以图式为基础进行说明文阅读理解，尤其是以说明文的形式图式进行阅读训练。在控制组则使用常规教学方法教学，注重单词、句型和语法的讲解。

后测安排在五周实验后进行，选取3篇和前测同质的说明文。后测内容按照说明文阅读理解能力测验、说明文结构意识测验顺序进行。后测主要考查以下内容：①实验组和控制组的说明文阅读理解能力是否存在显著差异；②实验组对英语说明文的结构意识是否明显强于控制组。

（五）形式图式训练具体操作

1. 说明文形式图式知识训练介绍

向实验组的学生讲授说明文的结构特征和内容特征，以及其与文章主题的关系，图式理论的基本思想及高中阶段常见的三种说明文形式图式，即描述型（图1）、对比—比较型（图2）、问题—解决型（图3）。

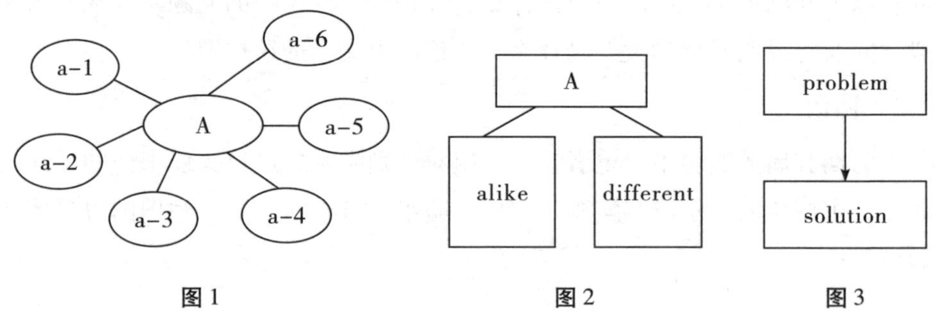

图1　　图2　　图3

2. 具体教学操作

（1）构建形式图式。引导学生学会构建文章形式图式的方法。首先，浏览课文，指导学生通过课文的标题、小标题和插图快速判断文章的文体结构。其次，细读课文，将文字图表化。要求学生找出每段的段落大意并分析段落之间，以及其与主题之间的关系，画出文章结构图。最后，将图表简化。弄清文章各部分的关系，简化图表，由老师概括出这类文章的一般形式图式。以 *Festivals and*

Celebrations（选自《普通高中课程标准实验教科书英语必修3》）为例的描述型图式（图4）。描述型图式的一般形式图式如图1所示。

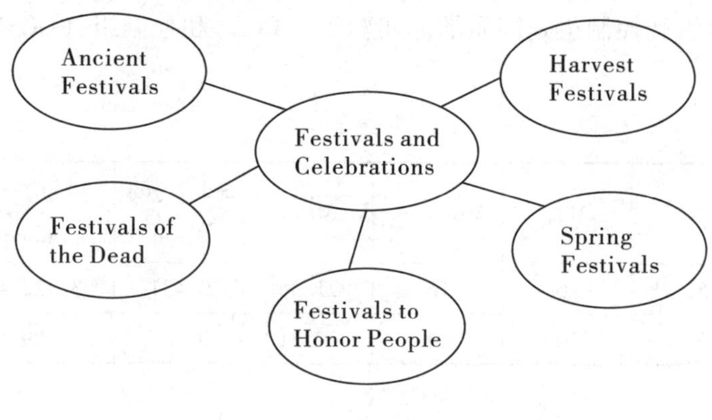

图4

这篇文章是节日介绍。一般来说，人们介绍节日的步骤，或是说形式图式，具有一定的共性，主要是介绍各种节日的起源、庆祝方式及活动。这篇文章正是按照人们对节日了解的认知过程来满足读者的期待的。所以，让学生知道这种文章的常规结构，熟悉它的形式图式，有助于学生更好地回忆信息、激活和构建图式，对文章的结构特征做出预测，以促进学生更快地掌握文章的主题思想，理清段落之间的关系。

（2）应用形式图式。通过“课文链接”和“主题阅读”的方式，每种图式提供两篇文章供学生自读。提示学生运用先前构建的形式图式分析文章，把握全文结构并画出文章结构图，形成该篇文章的具体形式图式，并把新图式纳入已有的形式图式框架中，实现图式内化。

（六）数据收集

用均数和标准差对实验组和控制组的前测和后测进行统计学描述，两个组之间的考试成绩的比较采用 t 检验，每个组的前测和后测成绩比较采用配对 t 检验，$P=0.000<0.05$。为使差别有统计学意义，所有数据分析用 SPSS 16.0 完成。

三、数据结果与讨论

（一）前测结果

实验组前测平均值为21.35，标准差为3.112，最高分为26，最低分为16；

控制组前测平均分为20.31，标准差为3.299，最高分为26，最低分为14；单因素方差分析表明，实验组与控制组之间无显著差异（$P=0.102>0.05$）。因此，可以认为实验组和控制组是同质的。实验组（EG）和控制组（CG）的前测分数结果见表1。

表1

Division	N	Max	Minimum	Mean	Std. Error Mean	Std. Deviation	P
EG	52	26	16	21.35	0.431	3.112	0.102
CG	52	26	14	20.31	0.457	3.299	

（二）后测结果

实验组的后测平均分为23.62，标准差为2.568，最高分为28，最低分为18；控制组的后测平均分为20.96，标准差为2.038，最高分为26，最低分为16。单因素方差分析结果表明，实验组与控制组的成绩有显著差异（$P=0.000<0.05$）。这就是说，经过五周的形式图式训练，实验组的说明文阅读理解水平有了显著提高。实验组（EG）和控制组（CG）的后测分数结果见表2。

表2

Division	N	Max	Minimum	Mean	Std. Error Mean	Std. Deviation	P
EG	52	28	18	23.62	0.356	2.568	0.000
CG	52	26	16	20.96	0.283	2.038	

（三）前测与后测结果

实验组前测成绩平均值为21.35，后测平均值为23.62，后测成绩高于前测，差别有统计学意义（$P=0.000<0.05$）；控制组前测平均分为20.31，后测平均分为20.96，控制组前、后测成绩差别无统计学意义（$P=0.132>0.05$）。通过结果可以看出，基于形式图式训练的说明文阅读理解教学使实验组学生的成绩有了显著提高；基于传统教学方法训练的说明文阅读理解教学的控制组学生的成绩提高不明显。实验组与控制组前后测成绩比较结果见表3。

表3

Division	N	Pre-test	Post-test	*P*
EG	52	21.35	23.62	0.000
CG	52	20.31	20.96	0.132

（四）访谈结果

通过访谈了解到，实验组的一些学生已经逐渐改变了他们对阅读理解的看法，他们意识到说明文形式图式知识的积累对阅读理解的重要性，经过训练，他们做说明文阅读理解题时的自信心也得到了提升。具备了一定的形式图式知识，更加容易把握文章的篇章结构，即使在对文章内容不熟悉的情况下，也可以更加高效地找到文章的主旨大意和一些细节信息。

（五）讨论

1．英语说明文形式图式训练对高中生阅读理解能力的影响

本实验发现，实验组被试的英语说明文阅读理解能力明显高于控制组。这是由图式的本质特征决定的。在英语说明文图式训练中，通过建构形式图式，学生能够把握英语说明文的结构和框架并内化为自己的认知图式，同时还学会了去同化和顺应新材料，结果是实验组学生的英语说明文阅读理解成绩有显著提高。因此，形式图式知识丰富和积累与高中生说明文阅读理解能力之间有着紧密的联系。

2．英语说明文形式图式训练对高中生说明文结构意识的影响

实验结果数据显示，实验组的学生的英语说明文的结构意识明显提高。通过形式图式训练，学生能回忆出更多的信息，对文章主题及写作意图等关键信息的把握能力有所提高。

3．教学启示

英语文章的体裁主要有记叙文、说明文、议论文等，每种体裁的文章都有不同的结构特征，越熟悉它们的文体特征就越容易把握文章的结构，也越能更加清晰地把握文章的脉络，从而提高阅读理解的效率。因此，在日常教学中，要丰富学生的形式图式，了解各种题材文章的结构。

四、结论

通过上述实验及结果，我们可以得出以下两点结论：

（1）英语说明文形式图式训练可以增强对说明文结构的敏感性。

（2）英语说明文形式图式的教学方式可以提高学生的说明文阅读理解能力。

图式理论的应用改变了英语教学对英语阅读理解的传统观念。本研究是从形式图式对高中生说明文阅读理解影响这个方面进行的一次有益的探索和尝试。研究结果表明，图式理论对英语说明文阅读理解的教学是具有很大作用的，也是确实可行的，学生的阅读理解水平是可以通过形式图式的训练得到提高的。该项研究对于英语阅读教学有重要意义，值得进一步观察和研究。

参考文献

［1］陈贤纯．外语阅读教学与心理学．北京：北京语言文化大学出版社，1998.

［2］陈先芝．大学英语说明文教学中图式建构．安徽理工大学学报（社会科学版），2007（2）.

［3］何广铿．英语教学研究．广州：广东高等教育出版社，2002.

［4］刘宇红．认知语言学：理论与应用．北京：中国社会科学出版社，2006.

［5］张维友．图式知识与阅读教学．外语界，1995（2）.

［6］GOODMAN K S. Reading：a psycholinguistic guessing game. Journal of the reading specialist，1967（6）.

广东高考英语阅读理解解题策略探究

蓝汉辉

【摘要】广东高考英语试题中阅读理解分值是40分，在满分为135分的笔试中的地位举足轻重。阅读理解成绩的高低直接影响着最终英语高考的成绩的好坏。本文主要讨论高考阅读题的命题思路和解题方法与技巧。

【关键词】广东高考英语　阅读理解　解题技巧

众多考生都知道，阅读理解的分值占广东英语高考135分中的40分，是所有题型中占分比例最重的一题，阅读理解能否得高分关系到最终高考成绩的好坏。阅读理解部分主要考查考生以下能力：

①了解阐述主旨的事实和有关细节；

②掌握阅读材料的主旨和大意；

③根据上下文猜测画线单词的意义；

④根据阅读材料进行判断、推理和引申；

⑤猜测作者的观点和态度。

基于以上五点，本文将讨论广东英语高考阅读理解中针对以上特点设计的题型，希望帮助广大考生熟悉常见题型，进一步掌握解题策略和方法。

一、主旨题——考查考生分辨和提取主题句的能力

主旨题是比较常见的题型，考查学生在自己语言能力上对文章的把握：能辨认细节和主题，提取关键句。解题方法如下：

1. 把握文章逻辑思路

把握文章逻辑思路对于做主旨题很有帮助，因为篇章主题出现的地方对应文

章的逻辑结构。高考阅读理解的逻辑结构有：

（1）总分顺序。文章主题通常在首段。

（2）分总顺序。主题句在末段。

（3）时间顺序。主题句在首段或末段。

（4）分类。分类说明各大项累加为主题。

2．如何抓主题句

文章的主题句通常是第一段首句或末句和全文末句。

3．概括段落大意

4．根据论述详细与否确定

通常与主题相关的部分有详细的论述，其余与主题关系不密切的论述则较简短。

主旨题还有以下变体：

（1）标题。

标题必须反映文章的中心意思，而且只能反映中心思想。这要求正确选项的归纳要围绕中心主题展开，不能只提及文中的一个细节或把中心主题以外的内容放在其中。

（2）写作目的。

写作目的与主题不一样，但与它关系密切。写作目的侧重于文章为什么表达这个中心思想，应该根据文章大意加论述方法来确定答案。与写作目的有关的字眼有 aim，goal，reason，plan，intention，purpose，illustrate，argue for/against，propose，warn 等。

既然全文的写作目的与全文主旨有关，段落的写作目的也就与段落的大意有关系，只有反映段落大意的答案才是段落的写作目的。

（3）作者态度。

涉及解答态度（attitude 或 tone）的题目，关键把握作者对与主题有关的事物或某一细节的态度。表达作者态度包括褒义、中性和贬义的方式：①加入形容词，如 neutral，indifferent，opposed，approval。②加入副词。③特殊动词。有些动词能说明作者的正负态度，如 ignore，fail，underestimate，overestimate，succeed。确定作者态度可以根据紧贴主题或有关事物句子中的形容词、副词或动词。

二、细节题解题策略

这种题目形式多样，包括以下几种：

（1）是非题解题思路。

主要与三正一误的问法有关：

Which of the following is mentioned except…?

Which of the following is Not mentioned…?

做题时只需要阅读有关段落，根据其中一个选项中的关键词在其前后找其他两个正确选项，剩余一个原文未涉及的为最终答案。

（2）定位法。

可以根据题干或选项中的关键线索词回原文找与之匹配的近义词，同根词或反义词相关，与四个选项比对后得出结论。

例1：Mrs. Pott's **embarrassment** was utmost when she spotted a television crew from a **local news station.** They squatted on the lawn and **filmed** the mass departure from the school.

What made Mrs. Pott feel most **uncomfortable**?（语义转换）

A. The head administrator gave the trouble maker his due punishment.

B. The event would probably be broadcasted by the local news station.

C. Other students didn't do anything to stop Darin from causing trouble.

D. Her sewing class was completely spoiled by Darin.

很明显，题干中的 uncomfortable 和文中的 embarrassment 的意义有关，只是词性不同，utmost 与 most 有关，只要找到了线索句答案就很容易找到，而且不需要逐个比较，节约了答题时间。

例2：But he managed to **raise** her the four feet to the **platform**.

How did Frank save Lisa?

A. By lifting her to the platform.

B. By helping her rise to her feet.

C. By pulling her along the ground.

D. By dragging her away from the edge.

原文中的 raise 和选项中的 lifting 是同义词，只是拼写方式不一样。

例3：That was where Lisa briefly regained **consciousness**, felt herself being pulled along the **ground**.

When did Lisa become **conscious** again?

A. When the train was leaving.

B. After she was back on the platform.

C. After the police and fire officials came.

D. When a man was cleaning the blood from her head

原文中的 consciousness 和题干中的 conscious 词性不同，意义却相同；regain 和 again 相关。

例 4：“I saw the train coming and 1 was thinking he was going to **die**.” she **explained**.

Why did Jennifer try to stop her boyfriend?

A. Because they would miss their train.

B. Because he didn't see the train coming.

C. Because she was sure Lisa was hard to lift.

D. Because she was afraid the train would kill him.

explained 和题干中的 Why 有关，所以线索句很快可以锁定。

例 5：To find out **whether it is true or not** will be left to the **readers**. All the statements in the ads are the advertiser's statements, not the papers.

Which of the following is **TRUE** according to the passage?

A. The buyer should not share opinions with advertisers.

B. The editor has to answer for the truth of ads in the paper.

C. The buyer himself should find out whether an ad is true or not.

D. The advertiser should not express his own opinions in an ad.

四个选项中的 buyer 和原文中的 readers 其实是同一个人，所以答案可以迅速缩小到 A 和 C 中寻找。

（3）注意绝对化和唯一性的字眼。

例 6：**Mothers who smoke before their babies** are born ***may*** slow the growth of their babies' lungs. They say reduced lung growth ***could*** cause the babies to suffer breathing problems and lung diseases later in life.

Which of the following is true, according to **American doctors' opinion**?

A. If a will-be mother smokes, her baby may have breathing problems.

B. If a will-be mother smokes, the lung of her baby will be undeveloped.

C. Reduced lung growth will cause the babies to suffer lung diseases when they are born.

D. Reduced lung growth will cause the babies to suffer lung cancer when they are born.

四个选项中有三个 will，属于绝对化的字眼，而且原文中的 could 和答案 A 中的 may 相匹配，所以不难得出答案。

(4) 注意破折号或冒号的作用。

例 7：Lisa felt **weak** and tired—maybe it hadn't been a good idea to give blood the night before.

What was the **most probable** ***cause*** for Lisa's **weakness**?

A. She had run a long way.

B. She felt hot in the subway.

C. She had done a lot of work.

D. She had donated blood the night before.

题干中的 weakness 和原文中的 weak 是同根词，破折号是表示解释原因的符号。

三、词义题——学会推断

(1) 掌握好中学英语大纲里的 3 500 个词汇。

这些词汇是基础。掌握必要的做题技巧同样重要，但词义题更多地考查根据上下文推断词汇的能力。

(2) 破解词汇本身的意思。

方法是掌握构词法，了解词汇中的前缀、后缀和词根的含义。

(3) 利用上下文语境。

这里的上下文指的是该词所在句子本身或这个句子的上下句，或更远的上下文。

(4) 利用逻辑和语法知识。

(5) 指代题。

四、推理题

推理题要求在理解原文表层信息的基础上进行判断和推理，从而理解文章的隐含意义和深层意义。推理题的答案只能是根据表面文字信息做出的推理，即对原文某一句或几句话的 paraphrase。因此，学生可以根据题干中的关键词或选项中的线索找到相关的原文线索句，比对选项，对相关句子进行同义改写或综合概括，从而在选项中选出正确答案。题目设置的形式有：

According to the passage, it can be inferred that…; it can be concluded from the passage that…。一些表面看是有关全文的问题实际上不用全篇通看，只需要根据选项中的线索找到原文中与之有关的句子即可得出答案。

参考文献

[1] 包天仁. 基础英语教改论坛. 长春：吉林教育出版社，2002.

[2] 章兼中. 外语教育学. 杭州：浙江教育出版社，1992.

[3] 王景和. 外语名家教学谈. 长春：吉林教育出版社，1998.

“回归本源、听说一体，提高初中学生英语听说能力”的研究报告

殷杏贤

【摘要】 本研究课题作为“真光教育”的子课题，于2010年9月—2012年1月对真光实验学校2011届和2012届初三的学生开展研究。按照研究方案预设目标、时间、研究步骤与方法等，以每个教学班每周一课时的专题教学研究，已完成三轮的行动研究任务，并形成研究报告。

【关键词】 初中英语　听说一体　能力提升

随着年级的增高、英语词汇的增多、学习内容的广泛、授课侧重点的渐变、阅读量的增加、学生在英语学习上的要求加大等，初三学生在英语学习上的难度也增大。由于年龄的增长，初三学生的自信心、自强意识与自卑、自弃心理之间发生了矛盾。面对困难，有些同学对英语学习采取逃避或应付态度，个别会产生对抗情绪。这样，本来小学就学过并经常运用的日常交际用语，变得生疏，甚至遗忘。这样的情形导致了中考英语考试中的听力（35分，占全卷总分的23.3%）和口语（15分，占全卷总分的10%）成绩不理想。听力部分主要问题出现在“理解”这两个字上。在听力理解中，“囫囵吞枣”现象严重，理解性题目失分严重；听取信息满分为5分，而学生得分率不到40%；口语部分的“情境对话”满分为5分，其得分率更低；对于“简短说话”，不会说话的也大有人在。改变这种听不明白、不会应答、不会讲话的现状，提高学生的英语听说能力是初三英语教师刻不容缓的任务，也是提高初中生英语升学成绩的必须。

一、课题研究的理论依据

1. 马斯洛需要层次理论

马斯洛的需要层次理论认为：人的需要随着时间与空间的不同有所不同，而

且在一种需要得到满足后就会产生新的需要。初三学生面临升学的心理很迫切，需要弥补过去学而不足的文化课内容，夯实英语基础知识是他们其中的一种需要。正是这种需要催生了本课题研究。以马斯洛的需要层次理论指导本课题的研究，以满足学生需要为目的，体现学生的真情实感，为学生提供可以唤起回忆的学习材料，学有所得，享受成功的喜悦，还学生以自我。

2. 认知—指导学说理论

认知—指导学说认为：学习过程是信息的接收和使用的过程，学习是主体与环境相互作用的结果，学习者内部状况和外部条件是相互依存、不可分割的统一体。在教学中教师对学生的学习必须给予充分的指导。运用认知—指导学说理论开展本课题的研究，为学生创设能够克服心理矛盾、大胆实践的学习环境，让学生恢复自信。

二、课题研究的目标

（1）初三学生的自信心、自强意识得到有效的培养，大胆进行英语运用的实践活动。

（2）学生听说能力普遍有待提高（以中考英语听力和口语成绩为衡量）。

（3）还课堂一个“真”字，让学生真真实实地走进新课程，教师真真实实地转变自己的角色，真真切切地倾听学生的心声，营造人文宽松的“原生态环境”；还课程一个“真”字，学生能真真实实地主动参与学习，真真实实地转变学习的方式，真真切切地在和谐、民主的氛围中全身心地学习，使课堂变得更活泼、更自主、更和谐。

三、项目研究的内容及需要解决的问题

（1）听说一体的情境创设，激励学生积极参与。

（2）体现考纲、考点和考试形式的训练及学生从中得到成功的喜悦，以产生学习的正迁移。

四、研究方法：行动研究法

应用行动研究的基本步骤：计划—行动—观察—反思。按照这几个基本步骤进行不少于三轮的行动研究。

五、变量假设

在课题研究过程中，存在一定的、影响学生英语听说能力提高的变量，实验中应有目的地控制这些变量，以让其朝着预设的方向，达到理想的效果。

（1）学生对专项听力与口语训练的投入程度（学生的学习态度是影响学习效果的关键）。

（2）学习环境与形式（创设一个能够让学生积极投入学习的环境，以融洽教师与学生、学生与学生之间的互相学习，共同进步；开展教师与学生之间、学生与学生之间、人与人之间、人与机之间的对话，口头评价与书面评价、自我评价与他人评价等多种形式的学习活动）。

（3）训练材料（基础与提高相结合、趣味性与科学性相结合、独立完成与合作完成相结合等）。

六、研究过程

1．准备阶段的研究工作情况

（1）学生水平情况的前测。

①2010 年 9 月对 2011 届学生的测试情况如表 1 所示，样本数为 297。

表 1

	口语（满分 15 分）			听力（满分 35 分）		
	朗读（5 分）	情景对话（5 分）	简短说话（5 分）	对话理解（20 分）	讲话理解（10 分）	听取信息（5 分）
整体平均分	3.01	2.94	2.85	12.56	5.73	2.12
最高分	4.5	4.5	4	18	8	4.5
最低分	1	0.5	0.5	6	2	0

②2011 年 9 月对 2011 届学生的测试情况如表 2 所示，样本数为 373。

表 2

	口语（满分 15 分）			听力（满分 35 分）		
	朗读（5 分）	情景对话（5 分）	简短说话（5 分）	对话理解（20 分）	讲话理解（10 分）	听取信息（5 分）
整体平均分	3.02	2.96	2.9	12.73	5.84	2.26
最高分	4.5	4.5	4	20	10	4.5
最低分	1	0	0	4	2	0

（2）学生关于口语和听力学习等情况的调查。

在开始试验前，分别对两届学生进行了关于听说学习与实践等情况的调查。（详细调查问卷内容附后）

①2010 年 9 月对 2011 届学生的调查情况如表 3 所示，样本数为 297。

表 3

人数	第 1 题	第 2 题	第 3 题	第 4 题	第 5 题	第 6 题	第 7 题	第 8 题	第 9 题	第 10 题
选 A 的人数	114	297	41	208	11	221	35	23	129	83
选 B 的人数	37	0	80	23	183	76	262	207	115	35
选 C 的人数	146	0	176	66	103	0	0	67	53	179

②2011 年 9 月对 2011 届学生的调查情况如表 4 所示，样本数为 373。

表 4

人数	第 1 题	第 2 题	第 3 题	第 4 题	第 5 题	第 6 题	第 7 题	第 8 题	第 9 题	第 10 题
选 A 的人数	145	373	52	268	27	261	48	41	130	104
选 B 的人数	45	0	102	35	238	112	325	250	175	30
选 C 的人数	183	0	219	70	108	0	0	82	68	239

（3）情况分析。

调查问卷得到的结果是学生的观点或者是他们对自己、对他人的评价意见，是主观的，而听力与口语检测所反映出来的是客观的。从两届学生的问卷调查情况和测试情况来看，主观结果和客观结果两者之间在某些问题上是矛盾的，这是否可以说学生没有正确评估自己的学习能力？而在某些问题上两者是一致的。

①调查问卷题 2 和题 6。

题 2：中考口语题由朗读、情景对话和简短说话三部分组成，你认为最容易的是哪部分？

A. 朗读　　B. 情景对话　　C. 简短说话

100% 的同学认为在口语考试中，朗读最容易。一般情况下，人们对“考试容易”的理解是得分率高，而这道题的测试结果得分率却不高。朗读的得分率不高的原因：其一，根本不会读（这对于绝大部分学生来说是不存在的）。其二，不能用正确的语音、语调、停顿、连读等方式进行朗读。对于朗读考查的这四个要素，学生的缺陷在哪里？而朗读是听力理解和简短说话的基础。

题6：你认为“听力理解”比较容易吗？

A. 对　　　B. 不对

近75%的学生认为容易，而实际上得分率只有65%左右。结合对题7的回答，有85%左右的学生对自己听力理解所产生错误的原因不明确。这个矛盾的产生是语言知识基础薄弱还是听力技巧欠缺所致？

②调查问卷题3和题8。

题3：不少同学认为，口语考试的“简短说话”比较难。你认为原因是什么？

A. 感到很别扭，开不了口

B. 中英文对不上号，想不起要使用的单词或句型

C. 有些地方不知道怎样讲，成不了句子

题8：不少同学认为“听取信息”比较难。你认为难吗？

A. 不难　　B. 听懂了，但所填内容欠完整　　C. 未能提取有效信息

绝大部分学生认为不能达成“简短说话”和“听取信息”的要求。这与他们的测试结果相一致。这应该是学生的词汇、语法等语言知识基础与运用能力存在缺陷所致。这种缺陷也将直接影响笔试的“书面表达”。

2. 实验过程

(1) 学生思想工作。

问卷调查情况和测试情况表明，学生除了英语词汇、语法等语言知识基础存在一些缺陷外，对听力和口语的重视程度不够也是学生在这两项测试得分率不理想的原因。做好学生的思想工作，让他们正确认识“英语考试中各个项目都同等重要”，认真上好口语和听力专项训练课，只要投入，必有收获。

开展学生思想工作切忌干巴、僵硬、说教，学生不接受说教式的思想工作。本实验开展学生思想工作的方式是：

①从学习材料中让学生看到自己的不足。因升学的需要，他们会重视弥补自己的不足。

②通过解题技巧的讲授，让学生找到错误原因和解题方法，看到提高得分率的曙光。

③学习环境与形式设计，让学生感到“不投入学习不行”。

如：听力理解材料：（讲话理解）

1. Why did the man shouted loudly? Because he wanted ________.

A. to tell others his things were best

B. others to know what he was doing

C. to attract other people

2. What did the writer buy in fact?

A. Some “very unusual high-quality ” objects

B. A crystal（水晶）cup

C. a cup made of glass

3. What's the value of the cup according to what the man say?

A. 5 yuan　　B. 15 yuan　　C. 250 yuan.

以上是同学们认为不难的听力理解题，然而全年级 80% 以上的学生都在第 3 题栽跟头，50% 的同学在第 1 题中选择错误。

根据听力材料，第 3 题的答案应该是 C，而大部分同学选择了 A。第 1 题的正确答案是 C，相当大部分学生选择了 A 或 B 。教师引导学生通过重听材料，重点听取关键部分，在听懂材料内容的同时让学生明白什么是“听力理解”，如何获取材料中的有效信息等，在学习解题策略的同时增加对口语与听力课的投入，在不断的学习中做好学生的思想工作。

（2）材料准备。

有效提升学生的听说能力，材料的准备也是关键的一环。在本研究过程中，训练材料选取的原则为：

①符合学生的现有水平并稍有拓展。②与中考题型相近或相一致。③与目前所用教材相一致但又跟教材其他内容教学不冲突。④能通过这些材料的练习促进学生对已学语言知识的运用。⑤能通过这些材料的练习让学生敢于开口讲话，并促进学生解题能力的提高。

按照上述材料选取的原则，本研究所使用的训练材料为牛津上海版九年级英语教材 A 册的 Speaking 部分内容，牛津上海版九年级英语教材 B 册的 Listening 的部分内容，近三年区、市初中口语试题，自编听力与口语训练材料。

例如，自编听取信息材料（表 5）：

表5

North London Arts Cinema	
Open	Seven days a week
New film：Midnight Meeting	It's set in Milan in the 1950s. The film is from Monday to（A）__________. It will be on（B）__________ a day in the evening.
How long	It lasts（C）__________ minutes.
Price	Special student ticket is £2.80，but you should bring your（D）__________.
Car Park	In（E）__________ Street，just 5 minutes' walk from the cinema.

本材料要求学生听懂材料内容，进行信息的整理，并能根据已知条件把表格填写完整。

特别是（B）（C）两个空格的填写。

对于（B），其录音材料为：The film will be on 6:45 and 9:15 in the evening. 正确答案是 twice。

对于（C），其录音材料为：It lasts two hours and fifteen minutes. 正确答案是 135。要得到正确的答案，学生必须要做到：辨别 fifteen 还是 fifty，把 two hours and fifteen minutes 转变为 135 minutes。

再如，自编口语材料：请根据提示用6句以上的英语句子进行叙述：

①听和说对初学英语者来说非常重要；

②收听英语电台节目，敢于和别人用英语交流；

③大量阅读会提高语感，坚持写英语日记；

④英语学习训练越多就会越好。

在这份口语练习题的提示中，基本没有完整的句子，内容又比较多。需要学生首先把材料进行整理，确定所讲内容的先后顺序，确定所表达句子的主语，使用什么句型、短语可以准确把要讲的内容表达出来等。这样的材料既可以作为口语训练材料，也可以作为书面表达的材料。训练中更需要学生运用已有的语言知识。

（3）学习环境与形式。

学习环境与形式也是促进学生学业发展的条件。本课题的实验主要在普通课室（进行人人对话、听力训练和其他与本课题研究相关的训练）和网络室（进行人机对话、模拟中考口语考试等）中开展。

学习的形式有以下三种：

①独立完成。用这种形式可以进行任何内容的训练，主要检查学生对各项内

容的掌握情况，培养学生独立学习的能力。

②两人小组学习。这种形式主要用在口语训练的三个题型。一方面让学生在比较自由的环境中大胆开口说话，使其不需要面对全体同学和老师，减少压力；另一方面也可以开展“兵教兵”的学习，减轻教师的压力，有利于学生之间的共同进步。

③通过评价开展学习。这种形式也是可以进行任何内容的训练。用这种形式来学习，主要引起学生对一些易错题的注意，并给予学生解题策略的指导。如上述曾举例的听力理解题：

Why did the man shouted loudly? Because he wanted ________.

A. to tell others his things were best

B. others to know what he was doing

C. to attract other people

之所以有50%的学生没能正确选择答案，听力理解题除了要求学生听懂材料的内容，还应该结合日常生活的知识来解题。这正是需要学生在看到这道题和听到材料内容时，能够想象材料所描述的场景，结合日常生活选择正确的答案。

开展对这道题的评价学习方法为：引导学生重新阅读题目；重新听材料；想象材料描述的场景，并把自己置身其中；开展讨论，找出正确答案。

又如，口语的情境对话题：

Some students think maths is not easy to learn. What do you think?

这情境对话的可能答案是：

It's easy, and I like it very much. / It's difficult to learn. / Yeah, I agree. / It depends...

I think so. / I don't think so. / Well, I don't quite agree. / I think English is more difficult.

在学生完成人机对话训练后，专门调出这道题，并展示多位学生的答题情况，让学生给出他们的评价意见：答案是否完整？是否正确？如不完整，怎样补充？如不正确，应怎样回答？

用这样的方式来学习，既可以让学生知道自己的答题情况和语音情况，又可以通过讨论，有效解决情景对话题“背书”现象，真正达到根据情境来回答。

（4）学习策略指导。

面对不同的题型、不同的已知条件和未知条件，就需要有不同的解题方向和方法。教师必须教授给学生根据不同的情况找到恰当的解题方法，而且这些方法应该是不太复杂的、容易掌握的。如口语考试的朗读，要求学生用正确的语音、语调、停顿、连读等方式来朗读与教材难度相当的材料。在朗读题所考查的这四项内容中，学生错误较多的是“连读”。大部分学生不懂得怎样可以自然产生“连读”，总是觉得“连读”难。

以“前一个单词以辅音发音结尾，后一个单词以元音发音开头”这种连读情形为例，（In many situations，what you say with your eyes is more important than what comes out of your mouth. 画线部分产生连读）自然产生连读的方法很简单，只要不吞掉前一个单词词尾的辅音则可。学生不能完成连读，往往是吞掉了前一个单词词尾的辅音（如 what you / wot ju：/，而学生往往读成 / wo ju：/）。在教学中，除了告诉学生学习的方法外，及时训练也是非常重要的。

在实验过程中，学习方法、学习策略的指导是随学习内容、题型等穿插于其中的。

七、结论

通过一年半的时间，进行了三轮行动研究，本课题基本达到预期目标。

（1）绝大部分学生对中考口语和听力两个板块的考试形式、评分要求、赋分比例等有了清晰的认识，并基本确立“中考英语由多个部分组成，缺一不可；必须认真完成每一个小部分的学习，掌握其答题方法与技巧”的思想。

（2）对每周一课时的“口语与听力”专题训练课的投入程度明显增加。绝大部分学生积极参与教学活动，按要求完成必需的学习任务；参与自我评价和他人评价活动；在课堂上主动学习，并掌握基本的解题方法技巧。

（3）学生学习进步较明显，下列数据表明，本课题研究是成功的。（下列所示数据可以与实验前的调查数据做比较）

①2011 年 5 月对 2011 届学生作中考模拟考的测试情况如表 6 所示，样本数为 297。

表 6

	口语（满分 15 分）			听力（满分 35 分）		
	朗读（5 分）	情景对话（5 分）	简短说话（5 分）	对话理解（20 分）	讲话理解（10 分）	听取信息（5 分）
整体平均分	4. 02	3. 89	3. 92	17. 05	7. 63	3. 46
最高分	5	5	4. 5	20	10	5
最低分	2. 5	2	2	8	4	0. 5

②2011 年 12 月对 2011 届学生第一学期期末的测试情况如表 7 所示，样本数为 368。

表 7

	口语（满分 15 分）（期末考试）			听力（满分 35 分）（期末模拟考试）		
	朗读（5 分）	情景对话（5 分）	简短说话（5 分）	对话理解（20 分）	讲话理解（10 分）	听取信息（5 分）
整体平均分	3. 925	3. 925	3. 171	16. 23	7. 17	3. 11
最高分	5	5	4. 5	18	8	4. 5
最低分	1	1	0	8	4	0

（4）在英语学习过程中，听说能力的形成需要较长时间的锻炼，也需要一定的语言知识能力基础。根据学生的上课表现及中考题型的检测，本课题研究在一定意义上是成功的，但这种成功不能完全说明学生在日常生活中英语听说能力的真实表现。另外，从学生学习英语的时间、已有的语言知识基础来看（学生在教材上所学习过的），提升学生的听说效果还有一些空间。若要取得进一步的效果，还需要做更深入的研究。

参考文献

［1］中华人民共和国教育部. 全日制义务教育英语课程标准（实验稿）. 北京：北京师范大学出版社，2011.

［2］皮连生. 教学设计：心理学的理论与技术. 北京：高等教育出版社，2000.

［3］R M 加涅. 学习的条件和教学论. 皮连生，等译. 上海：华东师范大学出版社，1999.

［4］马斯洛需求层次理论. （2010－06－03）［2014－07－10］. http：//baike. baidu. com / view/ 92972. htm.

关于初三学生在口语与听力学习等方面情况的调查问卷

同学们：

为使大家更好地适应初三学习阶段，我们准备给大家开设每周一节英语口语与听力的专题课。为保证这节课的效果，现想了解一下同学们在口语与听力学习等方面的情况。请同学们如实作答。本卷以不记名方式展开调查。

谢谢！

初三英语组

年　　月　　日

1. 你是否清楚中考英语卷的考查形式由哪几部分组成，每部分的赋分比例分别是多少？

A. 清楚　　B. 不清楚　　C. 大概知道，但不很清楚

2. 中考口语题由朗读、情景对话和简短说话三部分组成，你认为最容易的是哪部分？

A. 朗读　　B. 情景对话　　C. 简短说话

3. 不少同学认为，口语考试的“简短说话”比较难。你认为原因是什么？

A. 感到很别扭，开不了口

B. 中英文对不上号，想不起要使用的单词或句型

C. 有些地方不知道怎样讲，成不了句子

4. 你认为“情景对话”的5分容易拿吗？

A. 不难　　B. 难　　C. 不敢肯定

5. 有些同学认为，口语只有15分，丢掉几分可以再从笔试中拿回来。你也是这样想的吗？

A. 是的

B. 没想过，能考多少是多少吧

C. 不，我会尽量考好，但没有把握

6. 你认为“听力理解”比较容易吗？

A. 对　　B. 不

7. 在听力理解练习中，也许你曾经有过错误，你知道错误的地方和原因吗？

A. 知道　　B. 不知道

8．不少同学认为“听取信息”比较难。你认为难吗？

A．不难　　B．听懂了，但所填内容欠完整　　C．未能提取有效信息

9．在过往的学习中，在听力与口语的答题中，你通常的得分率为多少？

A．90%以上　　B．70%~90%　　C．低于70%

10．你认为每周专门开设一节口语与听力的专题训练课有必要吗？

A．有必要　B．没必要　C．不知道

小组合作学习在初中英语教学中的运用

麦德馨

【摘要】目前，合作学习已广泛应用于美国、英国、加拿大、澳大利亚、日本、以色列等国的大、中、小学的各种教学中，这对于改善课堂教学气氛、大面积提高学生的学业成绩、促进学生良好的非认知品质的发展起到积极的作用，其实效令人瞩目。世界各国研究一致认为，合作学习是一种极其有效的教学理论与策略。在美国，“合作学习”（Cooperative Learning）与“掌握学习”（Mastery Learning）一起被人们誉为“当代最受欢迎的两种教学策略”，已逐步发展为一个令人瞩目的教学理论研究领域与教学流派。在我国，自20世纪80年代末—90年代初开始出现了合作学习的研究与实验，并取得了较好的效果。

本文根据合作学习的理论，运用合作学习进行初中英语教学的课堂实践。实践表明，小组合作学习方式在英语教学具有可行性、可操作性和实用性的特点，对英语教学有一定的指导意义。

【关键词】英语教学　合作学习　小组活动　评价

一、引言

英语作为最重要的信息载体之一，已成为人类生活各个领域中使用最广泛的语言。改革开放以来，我国的英语教育规模不断扩大，教育教学取得了显著的成就。然而，我国的英语教育现状尚不能满足我国经济建设和社会发展的需要，与时代的发展还存在较大的差距。传统的英语课教学方法——教师和学生的双向交流活动，在有限的课堂45分钟内，很难使全班每个学生都能得到体验、实践、参与和交流的机会，这就降低了学生的学习兴趣，阻碍了学生英语水平的提高，导致英语学科两极分化现象日趋严重，也使新课程的首要理念“面向全体学生，注重素质教育”很难得到充分贯彻。如何大幅度地提高课堂教学的效率，培养新时代所需要的人才，为教育者所关注。

在我国，自20世纪80年代末—90年代初就出现了合作学习的研究与运用，并取得了较好的效果。合作学习中，学生成为学习的主人，学生通过主动探究、自主学习，在互助合作中学会了社会交往的能力，学生的情感、人格得到健康的发展。

实践证明，采用小组合作学习方式进行英语教学具有可行性和可操作性，能够有效地提高学生的综合素质。

二、合作学习的概述

合作学习是20世纪70年代初兴起于美国，并在70年代中期至80年代中期取得实质性进展的一种教学理论与策略。经实践和研究，世界上不少国家都认为合作学习是一种极其有效的教学理论与策略。

（一）合作学习的定义

合作学习是一种古老的教育观念与实践，它基于“人多智广”（Four heads are better than one）这一哲学思想。《心理学大辞典》中指出：“合作是为了共同的目标而由两个或以上的个体共同完成某一行为，是个体间协调作用的最高水平的行为。”

关于合作学习的定义，国内外学者有不同的定义。美国肯塔基大学教授、“合作掌握学习”理论的主要代表人物嘎斯基（Guskey，T. R.）对合作学习进行了比较具体的阐述：“从本质上讲，合作学习是一种教学形式，它要求学生在一些由2~6人组成的异质小组（heterogenous group）中一起从事学习活动，共同完成教师分配的学习任务。在每个小组中，学生通常从事于各种需要合作和互助的学习活动。”我国的学者王坦认为：“合作学习是一种旨在促进学生在异质小组中互相合作，达成共同的学习目标，并以小组的总体成绩为奖励依据的教学策略体系。”

（二）合作学习的依据

合作学习的依据主要有两点：第一，建构主义学习理论为合作学习提供了理论依据；第二，中国英语课程标准是开展小组合作学习活动的依据。

1. 建构主义学习理论为合作学习提供了理论依据

建构主义（constructivism）学习理论是合作学习的重要理论基础。建构主义也称为结构主义，是认知主义的进一步发展。它是由瑞士学者让·皮亚杰（J. Piaget）最早提出来的。皮亚杰（1966）认为，“儿童是在与周围环境相互作用的过程中，逐步建构起关于外部世界的知识，从而使自身认知结构得到发展的”。斯太尔（1995）认为，“认知主体不是站在世界之外的静止的观察者，而是一个积极主动的观察者，观察者同时又是参与者，所有的观察都是一种反省性的参与，而且观察者处于一定的社会之中，在不同观察者之间也存在复杂的相互作用”。这种观点重视交互式教学（reciprocal teaching）和协作学习（collaborative learning）。

建构主义认为，学习是建构内部心理表征的过程，学习者并不是把知识从外界搬到记忆中，而是以已有的经验为基础，通过与外界的相互作用来建构新的理解。由此可见，学习是一个主动建构的过程，学习者不是被动地吸收信息，而是主动地建构信息，学习和发展是社会的合作活动。这种活动是学习者通过多种渠道发现和感知他们的生活环境，主动建构知识。建构发生在与他人的交往环境之中，强调人的学习与发展发生在与他人的交往和互动之中。

建构主义提倡在教师的指导下以学生为中心的学习，既强调学习者认知主体作用又不忽视教师的主导地位。这是传统的教育不能满足的。所以依据建构主义理论采用合作学习的方式进行课堂的教学，能更有效地实现教育的目的。

2. 中国的英语课程标准是开展小组合作学习活动的依据

随着社会生活的信息化和经济的全球化，英语的重要性日趋突出。国家教育部根据英语学科特点，结合国际和国内形势，制定了英语课程标准。2001 年颁布的《全日制义务教育英语课程标准（实验稿）》中提出了“课程应从学生的学习兴趣、生活经验和认知水平出发，倡导体验、实践、参与、合作与交流的学习方式和任务型教学途径，发展学生的综合语言运用能力，使语言学习过程成为学生主动思维、大胆实践、培养跨文化意识的过程，成为学生形成自主学习能力和积极情感态度的过程”。它包含了以下五个基本理念：

（1）面向全体学生。

英语新课程要面向全体学生，帮助学生打好语言基础，为他们的终身学习和发展创造条件，并使他们具备作为 21 世纪公民所应有的基本素养。

（2）突出学生主体。

学生的发展是英语新课程的出发点和归宿。英语新课程在目标设定、教学过程、课程评价和教学资源的开发等方面都突出了以学生为主体的思想。小组合作学习正是突出学生主体的最好课堂教学表现形式。

（3）倡导体验参与。

英语新课程的设计和实施应有利于学生优化英语学习方式，使他们通过观察、体验、探究等积极主动的学习方式，充分发挥自己的学习潜能，形成有效的学习策略，提高自主学习能力。小组合作学习通过学生间的主动参与和互相帮助、小组间的互动和激励，可以改变传统的学生被动听课的局面，取而代之的是有着责任感、自信心、兴趣的主动学习。

（4）关注学生情感。

英语新课程关注学生的情感，使学生在英语学习的过程中提高独立思考和判断能力，发展与人沟通和合作的能力，增强社会责任感，全面提高人文素质。

（5）注重过程评价。

英语新课程要求在英语教学中应注重过程评价，关注培养和激发学生学习的积极性和自信心，促进学生综合运用语言的能力和健康人格的发展，促进教师不断提高教育水平，促进英语课程的不断发展与完善。小组合作学习强调有系统的、阶段性的评价和评估方式，重在学生的过程参与。

就中学英语教学而言，新课程标准提高了对学生语言运用能力的要求，课堂要努力实现从“讲授和讲解语言知识”向“培养语言能力”的转变，每位教师面临着“如何在有限的时间内有效地利用积极因素，采用更适合于学习者能力发展的课堂教学方法，较快地提高课堂效率”这一个关键问题。合作学习为着手解决这一问题提供了一条可能的途径。下面就以一节初中英语课的课堂实录为例，探讨如何运用合作学习进行初中英语教学。

三、“合作学习”课堂下的初中英语教学实践

（一）教学内容分析

1. 教学内容

Oxford 7A Module 4 Unit 7 Poems Listening and Speaking

2. 教学目标

（1）知识目标：

进一步巩固对诗歌的了解，如诗歌的韵脚等。

（2）能力目标：

①能够理解诗歌所传达的情感。

②能够在朗读中把诗歌所传达的情感通过语言、语调、表情并结合音乐、图片等表现出来。

③能创设相关情境表达人类的基本情绪。

（3）情感目标：

读懂并体会诗歌作者深层的情感表达，学会倾听他人和进行自我情感表达。

3. 教学任务

通过听四首表达不同情感的短诗，培养学生从朗读者的语音、语调及选词方面判断诗歌传达的情感；通过小组活动朗读一首诗，体会诗歌的意境和作者的情感，同时学会与小组其他成员合作。

（二）课堂教学程序

1. 课前的热身活动

创设情境：教师通过图片和视频的播放设置情境，让学生在具体的情景中理解诗歌的韵脚。

教师：What will we learn today？（教师展示一些诗歌。）

学生：Poem.

教师：In a poem，what is important？

学生：Rhymes.

教师：Listen and sing the song *Hush*，*Little Baby* and find out the rhymes in the song.（教师播放一首歌曲让学生跟唱，唱完后让学生画出歌词的韵脚。）

教师：Talk about your feeling when you sing the song.（让学生分组讨论一下对唱这首歌的感受。学生的积极性马上被调动起来，他们很快就进入了学习的状态。）

2. 课中的活动

（1）听力的训练。

① 听前准备。

教师：Let's talk about feeling.（承接上面关于讨论 feeling 的问题。）

Match the words with the faces in A.（教师呈现 A 中的四幅图片，分别是四种情感，让学生仔细观察并确定表情的含义。）

学生：Sad，angry，bored，excited.

教师：Besides these four feelings, do you have more feelings?

When do you have these feelings?（学生小组讨论，分享各自的趣事和感觉，通过讨论让学生学会倾听他人和进行自我情感表达。）

② 听力训练。

教师：Listen to four short poems.（Play two times.）

How does the boy/girl feel in each of the poems?（播放第一次，让学生回答问题。通过听四首表达不同情感的短诗，培养学生从朗读者的语音、语调及选词方面判断诗歌传达的情感。）

Listen to the poems again and complete the notes.（教师再播放录音，学生记录表示情感的关键信息。）

（2）说的训练。

① 诗歌朗诵比赛。

教师：We have enjoyed four poems, but I have a more interesting poem. Now listen first. What is the poem trying to say?（教师播放诗歌 *Two Frightening Things*，先让学生理解诗歌的内容和作者要表达的情感。）

Now, it's time for you to read.（教师让学生分小组朗读诗歌，要求学生在组内模仿录音，分角色朗读诗歌。通过小组活动朗读一首诗，体会诗歌的意境和作者的情感，同时学会与小组其他成员合作。这个活动充分激发学生的集体荣誉感，调动了学生的学习积极性，并保证每个学生都能参与到活动中。）

② 优美诗歌分享。

教师：What a funny poem! It's time for you to show the poems you have collected before class. Feel free to come to the stage and present the poems in groups.［教师让学生按小组把预先准备好的诗歌展示出来给大家。教师要求学生课前分组准备好一首诗歌，配上音乐，设计好 PPT（与诗歌有关的图片），再通过小组成员配合，用朗读的方式把诗歌的情感正确、充分地表现出来。重点将诗歌要传达的感情表现出来，帮助其他读者更好地理解这首诗。］

教师：Let's talk about the poems we enjoyed just now.（让学生讨论听完诗歌后的感受，检查学生是否理解诗歌。）

3. 课后小结

（1）小组评价。

各小组按各环节（包括听和说的任务完成）的表现，先在组内进行组员自评、组员互评、小组自评，然后进行小组互评。各小组派代表在全班面前陈述他们小组存在的问题，并说出解决方法。学生在自评和互评的过程中进行反思总结经验，调整学习策略。最后教师对各组的表现进行综合评价，并提出改进建议。

（2）重点再现。

教师引导学生回顾本节课所学的重点内容。

教师：What did we do today?

学生：We listened to a song and found out the rhymes.

We listened to four poems about feeling.

We read the poem *Two Frightening Things* aloud.

We presented the poem we collected.

（3）课后任务。

朗读和鉴赏诗歌 *What does Little Birdie Say*？找出诗中的 rhymes，体验诗的情感。

（三）教学后记

本课教学内容是 Oxford 7A Module4 Unit7 Poems Listening and Speaking，是一节关于诗歌的听说课，课文看似简单，但是对学生能力的要求很高。要求学生能够理解诗歌所传达的情感，能够在朗读中把诗歌所传达的情感通过语言、语调、表情并结合音乐、图片等表现出来。在课前活动中，教师通过图片和创设情境激发学生的兴趣。让学生进行小组讨论可以增强学生的主体意识，使学生的注意力一下就集中到课堂中。在课中围绕主题设计听和说的活动，各小组针对各项任务进行商量、讨论，提出建议，最后完成合作。小组合作学习培养了学生的主动探究意识，不少学生也借此机会学会求助同学，使学生间的关系更加融洽。在诗歌朗诵比赛的活动中，课堂气氛格外高涨，各小组精心表演。在小组评价的活动中，各小组派代表在全班面前陈述他们组内存在的问题，并说出解决方法，全班同学都受益匪浅。

四、结束语

合作学习的理论自产生以来就在世界各地日渐流行，我国关于合作学习的理论和实践的研究也在不断深入。合作学习已成为我国新一轮课程改革所倡导的一种重要学习方式。笔者在实践中深深感到，在初中英语学习中采用合作学习方式，让学生动手、动口、动脑合作完成教学任务，能促使学生通过自主学习而成为课堂的主人。同时，通过合作式的交流，也可发挥每一位学生的优势，形成交互的思维网络；让学生在民主、平等的基础上与他人合作，发挥同学间相互鼓励、相互启发的教育作用；让学生在主动参与的活动中完成合作意识的内化与协作能力的提高，达到开拓学生创造思维的良好效果。教师还可以通过各种各样的形式，开发学生交往的潜能，充分发挥优化组合的整体功能，形成师生互相影响、和谐互动的教学局面。

浅谈小组合作学习在初中英语教与学中的应用

朱秀翠

【摘要】 随着国家英语新课程标准的制定，英语课程改革的目标已经得到进一步明确，新课程标准强调通过小组学习和任务型活动的合作学习发展学生运用语言的能力。本文针对当前传统课堂教学中存在的弊端，深入探讨了小组合作学习在初中英语教学中所发挥的效用。在开展小组合作学习的教学实践中，笔者借鉴了管理学中的 PDCA 循环理论，对制订小组合作学习计划（Plan）、实施小组合作学习策略（Do）、检查阶段学习效果（Check）、总结经验并改进措施（Adjust）等方面做了详细的论述。

【关键词】 小组合作学习　初中英语　应用　协作　创新

著名学者袁振国先生在其著作《教育新理念》中对现行课堂教学做过深刻阐述："传统课堂造就了传统的师生关系。在教学中，教师是主动者，是支配者，学生是被动者，是服从者。"传统教学模式突出教师的主导地位，忽视学生的主体地位，严重违背了语言学习先输入后输出的学习规律，不能有效地调动学生学习英语的积极性和主动性。小组合作学习就是要打破传统的课堂学习思维模式，将课堂还给学生，把学生置于教学的出发点和核心地位，充分发挥学生的主观能动性，将老师授课的单边活动变成由老师参与引导、学生共同参与的双边活动。

《全日制义务教育英语课程标准（实验稿）》明确指出，初中英语课程要使学生发展自主学习和合作学习的能力。所谓小组合作学习，就是通过分工合作共同达到学习目标的一种学习方式。该学习模式能充分激发学生的学习兴趣、活跃课堂学习氛围、夯实课本知识基础、拓展课外知识范围，能在具体的课堂教学中形成一个积极主动、轻松活泼的教学氛围，能促进师生、生生之间的充分交流，能使学生更深入地理解课本知识并对其进行实践应用和拓展等。

下面，笔者结合自己的英语教学实践，浅谈一下小组合作学习在初中英语教与学中的具体应用。

一、调研英语课堂教学现状、制订小组合作学习计划（Plan）

1. 分析目前英语课堂教学质量现状，找出存在的问题

只有充分了解当前英语课堂的教学现状及问题，才能做到有的放矢，制定出有针对性的实施策略。初一年级的生源比较复杂，来自全国不同地区几十所小学，学生的英语基础参差不齐。

在开学一个多月的常规教学实践中，笔者经过观察发现课堂教学氛围比较沉闷，除少数几个学生外，大部分学生的课堂反应不够活跃，老师与学生之间的教学互动比较困难，学生对知识点的掌握不牢固，对课本内容的理解比较死板，尤其是不会灵活变通和应用，成绩提升缓慢且不稳定。

2. 分析英语教学问题产生的原因

经过调查，英语教学问题产生的主要原因有以下四点：

（1）学生对英语的学习兴趣不够浓厚。大部分学生对英语没什么兴趣，学习英语主要是迫于升学考试的压力，而且必须在教师的不停督促下才会学英语，花费在英语学习上的时间较其他学科要少。

（2）学生对学好英语缺乏信心。大部分学生对通过努力能够学好英语缺乏信心，觉得英语学习过程中要背诵和记忆的东西很多，学的过程麻烦且耗费时间，还不如多做几道数学题，英语学习的进取心不强。

（3）青春期的羞怯心理和畏难情绪也影响了英语的学习过程。初一的学生自我意识增强，在心理特征上表现为一方面希望积极表现自我，另一方面又会因为害怕失败而胆怯。因此，出现部分学生从不主动与他人合作，不愿意参与英语学练活动，对调动课堂氛围造成影响。

（4）教师主要采用了传统的教学方法。当前受到应试教育的影响，为了提高教学成绩，教师采取了灌输式、填鸭式的教学方法，学生主要靠死记硬背强化知识点，以时间换成绩，严重损害了学生学习语言的热情和自尊。

笔者认为，以上影响英语教学质量的几点原因是有联系的。老师教学方法陈旧、学生基础差会直接导致学生对英语学习越来越不感兴趣，从而英语成绩越来越差，对能学好英语也就越来越没有信心了，慢慢地在多次失败面前逐渐形成了自卑心理，认为再怎么努力也赶不上别人，最终就破罐子破摔，形成了恶性循环。

3. 针对影响英语教学效果的主要原因，制订小组合作学习计划

小组合作学习可以加大学生间的语言实践量，能有效地提高英语教学质量和英语学习效果。因此，根据分析班上英语学习的现状及影响英语教学效果的原因，笔者有针对性地制订了小组合作学习计划。

（1）合理分组，团结互助，共同进步。合理分组是小组合作学习取得成功的前提。开学初，笔者通过卷面测试，了解所任教班级的学生掌握英语基础知识的情况，结合上课时学生的表现，把英语基础较为扎实的 12 位同学挑选出来担任小组长，把全班分成 12 个学习小组，每个小组 4 人。合作学习小组成员的搭配以学生自愿为基础，根据学生的知识基础、学习能力、性格特点、男女比例等因素进行组合，搭配成若干异质学习小组。上课时，学生按学习小组集中就座，组长负责本小组组员的管理，这样不仅便于小组内部组员间的沟通和合作，也便于老师在课堂上对学习小组的引导和管理。另外，为创造一个公平有效的竞争环境，笔者在学习小组成立之初通过多次微调优化组合，使合作学习小组达到组内优劣互补、组间水平相当的状态，这样小组之间的竞争就会更加激烈，效果更好。

（2）小组内组员明确分工。小组内设小组长、副组长、记录员、汇报员各一名。小组长的职责是在教师的指令下组织全组人员一起合作学习、动手操作、展开讨论、完成小组学习任务。因此，小组长要选择组织能力强、学习态度好、乐于助人、有一定合作创新意识和集体责任感的学生担任。副组长配合组长开展工作，可将学习有困难的学生定为每组的副组长，充分调动他们的积极性，促使他们迅速地进入良好的学习状态。记录员的职责是将小组合作学习过程中的重要内容记录下来，同时还记录小组合作中金点子最多和不积极参与合作的现象。汇报员的职责是在各种场合汇报本组的学习情况，同时收集本组同学在学习中的困惑，及时向老师反馈。

要定期对小组中的角色进行调整，尽可能让组内的角色经常调换，这样，小组成员就有机会担任不同的角色，明白各个角色所应承担的责任和义务，以此增强合作意识和责任感，从而达到最优化的小组合作效果。

二、积极营造氛围，扎实有效推进小组合作学习策略（Do）

1. 宣传发动、营造氛围

制订好小组合作学习计划后，首先要在全班进行宣传发动，一方面让学生明

白什么是小组合作学习，另一方面提前让学生明确学习任务，知道小组合作要做什么并且知道该怎么做。此过程尽量由学生自己发现并提出知识的难点，在重点或难点知识中筛选，去推测和预计可能的结果。

2．明确小组合作学习的目标

让学生清楚小组合作学习的重要性和顺利开展合作学习所需的基本条件。一是跟学生讲清楚，合作学习不仅是有效学习的手段，还是一种学习的方式；一个人的成功15%靠的是专业才能，而85%靠的是良好的人际关系与合作能力。小组合作学习是培养这种关系和能力的有效方式之一。二是让学生明白英语学习要学会倾听和表述，学会支持和互助，学会借助集体的力量提升自己，在小组成员共同进步的过程中实现自我进步，真正实现多方共赢。

3．小组合作学习的运用形式

小组合作学习形式多样，不同的老师有不同的选择。笔者在教学过程中，要求学生开展合作学习的方式主要有以下几种：

（1）小组合作进行课堂操练。长期以来，有限的课堂操练机会大多给了几个成绩优秀的学生，大部分学生很少有机会进行语言操练，就算是英语成绩比较好的学生也存在着对知识运用能力不强、缺乏创新精神和自信心不足等问题，尤其是在学习英语过程中，出现了许多学生学的是“哑巴式”和“聋子式”英语的现象，只会读和写，不会听和说或说得不流利、不规范。因此，在新课改的理念引领下，笔者尝试在课堂教学中进行小组合作操练以缓解这一突出问题，有效地保证了大多数同学有机会进行听说训练。在这一环节中，笔者主要是依据教材内容，安排“pair work”或“group work”，要求学生模仿对话、表演课文内容等，不仅使英语成绩好的同学有更多提升能力的机会和空间，而且英语成绩较差的同学也有表现的机会，即使刚开始是讲几个词或一句话，但长期坚持下来，大多数成绩较差的学生英语成绩也有大幅提高，最重要的是学生获得了学习英语成就感，自信心加强。在此过程中，教师只在学生中巡视、督促，给有困难的“pairs”或“groups”进行必要的指导，充当他们的“助手”或“引导者”。

（2）英语课后，小组继续合作学习英语。由于每个学生的基础和接受能力存在差异，课堂的听课效果也会有很大的区别。因此，小组成员间、同学间的相互学习和帮助就非常有必要。首先，成绩好的同学在帮助成绩差的同学时，自己的知识也得到巩固和提升。而且同学间这种互助，也能帮助减轻老师转化学困生的压力，老师可以腾出更多的时间和精力来给各小组合作方式与合作效果进行及时的引导。其次，成绩差的同学在别的同学带动下，能及时发现自身的问题，改进学习方法，及时弥补英语基础知识方面存在的漏洞，慢慢地也会发现学习英语并没有想象中那么困难，从而重拾信心。在这一环节，笔者主要利用学校安排的下午辅导课，让学生分小组进行学习。这既要求他们相互帮助把当天的课程融会贯通，高质量地完成当天的英语作业，又要求他们相互帮助预习新课。这样，经过一段时间的培养，小组合作学习的效果就会越来越明显。

（3）小组合作相互督促背诵。我们都知道背诵是学习英语的有效途径之一，尤其对低年级学生显得更为重要。小组合作相互督促背诵主要安排在课后复习巩固阶段进行。这不仅有利于保证每个学生的参与，对意志力不强的学生的英语学习能够起到很好的督促作用，还能帮助老师在短时间内检查背诵情况。老师只需抽查几个小组长和个别组员就能了解整个班的课文背诵情况。此外，小组间还进行可以背诵比赛，比一比小组背诵的流畅性和准确性等，给各小组打分评价，每月都进行一次考核，每半个学期评出优秀小组并进行奖励。经过努力，班上的学生基本都能完成英语课文的背诵任务，口头表达和书面表达能力也都有了较大的提高。

（4）小组合作记忆单词。在长期的教学实践中，笔者发现学生学习英语的兴趣及成绩与英语词汇记忆有极大关系，词汇量少或记不住单词的学生的英语成绩都比较差，而随着学习的不断深入，这一问题显得日益突出，从而造成学生英语成绩大面积滑坡。这主要是因为记忆词汇的过程单调乏味，学生又没有适时复习和再现运用而造成的。古人云：“独学而无友，孤陋而寡闻。”为了帮助学生解决记忆单词乏味这一问题，近两年来，在教学过程中，笔者要求每个学生都把单词制成卡片，通过小组成员中英文互拼、造句和单词接龙等方式，在玩游戏中学习，寓记忆单词于游戏之中，使原本乏味的记忆变得轻松有趣。同时，每个单元结束后，要举行组与组之间的单词游戏竞赛，每个月还要进行班级擂台赛。这样，学生反复不断地运用生词，生词也就记好了，单词的学习也不再是困扰师生的难题了。

4. 教师合理介入、耐心指导、创造环境、控制节奏

既然小组合作学习不同于传统的课堂学习思维模式，要将课堂还给学生，那么老师在实施小组合作学习的过程中就必须准确把握好教与学的度，拿捏好分寸。笔者在初中英语教学实践中归纳了以下几点经验。

（1）教师要积极参与，合理介入。在学生进行小组合作的过程中，师生、生生之间应该是平等、互动的。教师作为学生合作学习的指导者和合作者，应对各小组的合作学习进行现场指导和观察，及时地对各种情况进行调控。特别是当研讨学习的内容有较大难度的时候，教师应该对相对薄弱的小组逐一地进行指导，适度地给一些提示，增强小组学生的自信。当小组讨论过程中出现激烈争论的时候，教师要根据情况给予适当的引导，帮助小组获得相对统一的学习成果。经过一段时间，组与组之间的竞争力就会总体增强，学生的学习能力和协调能力也就能得到提高。

（2）有效组织，适时管理。在小组合作学习时，往往英语成绩比较好的学生比较活跃，成了小组中的主角；而学困生总是静静地旁听，成了配角，有的甚至完全成了一个局外人，处于被动地位。这样，学生之间并没有进行真正的合作，不利于全体学生的全面发展。因此，教师在组织合作学习时，应特别关注合作中的弱势群体。教师应该牢牢把握合作学习的时机、时间、指导等，提醒并指导小组长关注小组成员的合作学习。在进行小组合作学习时，教师要放手但不能放任，要担任好顾问、参谋与合作者的角色，适时管理，使合作学习有效地开展。

（3）创造条件，营造氛围。一是要给学生足够的学习时间。组织学生进行小组合作学习时，教师要给学生一定的学习时间，让学生进行充分的阅读、思考、讨论和交流，保证绝大部分小组能够按时、按质又按量地完成学习任务。二是要帮助学生确立学习目标，制定的目标不能过多、过难，要适量、适当，要根据教材和课标要求以及学生实际而定，要具有可操作性，且教师的指令要清晰。三是培养小组成员的自觉和自主意识，教会小组长如何组织本组同学开展合作学习，怎样调动小组成员的积极性，怎样处理组员们不同的意见、观点，及时归纳整理本组的学习情况等。四是要培养学生尊重他人的良好品质，在组内学习和组间交流的过程中，能做到认真倾听、积极交流、互相支持、互相配合，能做出必要的让步，学会欣赏别人。

（4）培优补差，共同进步。在小组合作学习过程中，老师在肯定优等生表现的同时，也要尽量多给学困生机会，尤其是在小组汇报过程中，鼓励学困生和比较内向的学生多发言，并及时给予表扬鼓励。

5. 引进竞赛机制，提高小组合作学习效果

学习小组相互竞赛，营造良好的学习氛围。成立合作学习小组以后，在开展的每项课堂活动中，要求每个小组相互进行评比，并相应地记分，以便于期中和期末进行总评。每次考试以后，要求把每个小组成员的进步名次统计出来，不管原来的英语基础如何，只要在不断地进步，就给予适当的奖励，特别是要奖励进步最大的小组。这一方面能从过程和结果两方面对学生的小组合作学习进行评价，保护学生合作学习的积极性；另一方面，通过评比能很好地激发初中生的进取心和团结进步的意识，也使小组成员间的相互合作更加和谐，从而达到共同进步的目的。自实施这一教学活动以来，从学生你追我赶的学习氛围中，笔者深深体会到小组合作学习对增强学生的协作意识和集体荣誉感的重要作用。

三、阶段性、周期性检查评估学习效果，客观评价（Check）

刚开始时，不少学生认为上课时小组合作学习浪费了许多时间，但随着时间的推移，师生之间和组员之间的了解和信任不断加深，合作也变得顺畅和有成效。2012 年 10 月起，笔者坚持在初中英语教学实践中开展小组合作学习，并在以下几个方面取得了较好的效果。

（1）无论课堂内外，各英语学习小组都能紧密围绕教材的知识点或老师布置的课题自主深入地展开研究、讨论交流和总结。在小组合作学习过程中，组内各组员之间团结友爱，互帮互助，共同进步，不骄不馁，形成了良好的英语学习氛围。

（2）各学习小组“各施其技”，逐步在班级英语学习中形成你追我赶的竞争氛围。

（3）课堂教学气氛明显改善，英语作为一门语言类课程，活跃的课堂氛围能更好地激发同学们的兴趣和主观能动性，使课堂教学效率得到提高，教学目标基本能够实现。

（4）学生对英语知识的学习基于教材又不局限于教材，立足于课内又广泛融入生活。学生英语基础逐步夯实，学习兴趣日益浓厚，振奋了大家尤其是学困生学好英语的信心。经过比较，学生英语成绩提升明显。

四、认真总结经验、查漏补缺，循环提升改进（Adjust）

经过审慎的调查分析、周密的策划部署、精心的组织安排和科学的评价总结，笔者认为，在初中英语教学中践行小组合作学习的模式的效果还是比较明显的。但任何一种教学模式都不是万能的，在近半年来的实践中，笔者发现在小组合作学习过程中也存在一些不足之处，如在开展小组合作学习初期，学生对这种新的学习形式不适应、不习惯，组员之间磨合需要时间；学困生心理压力较大，由于成绩较差而影响小组成绩的整体水平，尤其是在组间竞赛中比较靠后的小组更明显等。因此，实施小组合作学习要着重注意下几点问题：

（1）合作学习应给予学生独立思考的时间，便于各小组内部充分讨论和沟通。

（2）合作学习应处理好组内优等生与学困生的关系，引导学生相互协作，鼓励互帮互助。

（3）合作学习中教师要精心设计问题，使之有利于促进学生动脑，主动探究英语知识，有利于集体研究，促进合作学习。

五、结束语

美国教育心理学教授希尔伯曼在他的著作《积极学习》一书中提到："如果没有机会去讨论、提问、做乃至是教别人，真正的学习是不会发生的。同学们在学习中能够互相讨论，互相讲解，学会合作学习，对提高学习效率是非常重要的。"目前，初中英语新课标的一个显著特点，就是词汇量大且生词多，英语教学也从"传授和讲解语言知识"向"培养语言能力"转变，这些变化给学生学习英语带来了很大的心理负担。小组合作学习以一种非常轻松、开放的形式开展教学活动，不但极大地提高了课堂教学效率，而且激发了学生在课外对英语外延知识的了解，极大地丰富了英语教学内容。这种教学模式寓教于乐，融知识点于生活，取得了较好的教学体验和实践效果，为创新初中英语新课标提供了一条切实有效的途径。

参考文献

[1] 龚凡履. 初中英语课堂小组合作学习的实施策略. 中小学英语教学与研究，2003（8）.

[2] 柳菊兴. 英语课程标准教师读本. 武汉：华中师范大学出版社，2002.

[3] M·希尔伯曼. 积极学习. 陆怡如，译. 上海：华东师范大学出版社，2005.

[4] 索贝克Ⅱ，斯莫利. A3思维：丰田PDCA管理系统的关键要素. 扈喜林，译. 北京：人民邮电出版社，2011.

[5] 王坦. 合作学习简论. 中国教育学刊，2002（1）.

[6] 袁振国. 教育新理念. 北京：教育科学出版社，2002.

高中政治生活化教学的实践与思考

李智芳

【摘要】“给生活以教育，为生活而教育，为生活向前向上的需要而教育。”高中思想政治生活化教学，把课堂教学与生活实际联系起来，以此指导激发学生的学习兴趣，使其学会用政治、经济、哲学的思维方式去观察分析现实社会，解决日常生活中的问题。让学生体会到思想政治课堂就在我们身边，感受到思想政治课的趣味和作用，体验到思想政治课的魅力。通过教学，丰富师生的课堂生活，充盈学生的生活经历，增强学生的情感体验，为学生的可持续发展奠定良好的基础。

【关键词】高中政治　生活化教学

一、高中政治生活化教学提出的背景

1. 当前高中政治教学的现状需要改进

著名教育家陶行知说：“给生活以教育，为生活而教育，为生活向前向上的需要而教育。”但当前中学思想政治课教学存在理多情少、知多行少等现象，教学中只关注学生对知识的掌握程度、考试成绩的高低，忽视学生的实际生活及学生对现实生活的理解、体验和感悟，忽视学生情感价值观的培养，生命教育缺失。在高中思想政治课实施生活化教学，让教育回归生活，重视培养学生在课堂教学生活中的情感和体验，关注学生的全面发展需求，关怀学生的精神生活，让学生学有所用，体现了教学的本质。

2. 新课程标准的要求

《普通高中思想政治课程标准（实验）》提出，思想政治课“要立足于学生现实的生活经验，着眼于学生的发展需求，把理论观点的阐述寓于社会生活的主题之中，构建学生知识与生活现象”。在《普通高中思想政治课程标准（实验）》实施建议中指出：“注意学科知识与生活主题相结合，努力把基本观点、原理融入生活题材之中。”“强化实践环节，丰富教学内容，要积极开展多种形式的社区服务、社会调查等实践活动；教学内容可从教科书扩展到所有与学生生活关切的题材，使课程的实施面向学生的整个生活世界，形成网络式的教学系统，以利于全面提高学生社会参与的能力。”思想政治课教学试论新课程理念下高中思想政治课实施的生活化教学必须立足于现实生活，要注重对学生生活能力的培养，要想使思想政治课教学生活化，就应该以生为本、贴近生活、回归生活。

二、生活化教学的内涵

美国教育家杜威首先提出了“教育即生活”“学校即社会”的观点。陶行知先生在此基础上提出了教学走向生活，认为“未来之学校，未来教科书，未来之教育，必须建立在生活经历上，始可谓活的学校、活的教科书、活的教学”。他主张用生活来教学，“为生活向前向上的需要而教育”。叶澜教授提出了“让课堂焕发生命活力”的理论。教师的使命是把学科教材知识转化为学生的生活经验，并指导学生，使其生活经验不断生长，最终使学生的经验达到学科教材所包含的成熟的逻辑经验水平，真正发挥学生的主体性。

基于以上教育理论及教育实践，“高中思想政治生活化教学”是指从学生的生活经验和已有的生活思想政治教学背景出发，源于生活，寓于生活，为生活服务，把课堂教学与生活实际联系起来，以此指导激发学生的学习兴趣，使学生学会用政治、经济、哲学的思维方式去观察分析现实社会，解决日常生活中的问题。让学生体会到思想政治课堂就在我们身边，感受到思想政治课的趣味和作用，体验到思想政治课的魅力。通过教学，可以丰富师生的课堂生活，充盈学生的生活经历，增强学生的情感体验，为学生的可持续发展奠定良好的基础。

三、生活化教学的实践

1. 新课导入生活化

利用学生熟悉的生活经验，创设问题情景，引出学习课题，激发学生探究的热情和动力。美国心理学家布鲁纳指出，“学习的最好刺激是对所学材料的兴趣”，兴趣是最好的导师。如果学生对所学内容感兴趣，就会产生强烈的求知欲望，就会主动探寻、深入研究，从而达到事半功倍的效果。学生日常生活事例才能引起学生的兴趣，因为这些事例跟学生密切相关，以这些发生在学生身边的日常生活事例导课，引出政治课的主题，能极大地激发学生学习政治的热情和兴趣，使学生乐学、爱学、在学中受益。例如，在“影响价格的因素”一课中，用笔者所在学校的嘉年华活动导入，分析嘉年华活动中学生售卖商品的过程与感受，分析影响价格的因素，学生由于亲身经历过商品买卖，所以兴趣浓厚，而且容易理解。“多彩的消费”一课中，课前开展学生及其家庭消费情况调查，以调查情况导入，用学生自身的消费情况贯穿本课，有效地激发了学生参与课堂的热情。

2. 教学情境生活化

“问渠那得清如许，为有源头活水来。”思想政治课教学的“源头”和“活水”就是丰富多彩的社会生活。它为思想政治课教学提供了取之不尽、用之不竭的素材。生活化课堂结合学生的直接经验，以社会生活来丰富、扩展和提升学生个体的认识，把社会生活中的教育资源与书本知识融会贯通，从而发挥现实生活世界、直接经验对学生身心发展的积极和独特的作用。例如，在“走进文化生活”一课中，以“真光学子文化生活展采”为情境创设的素材，由学生自己提供来自自身生活的教学素材，具有亲历性、个体性、原创性等特征。教学起来使教师省时省力，同时也使政治课堂少了说教、多了真实，大大提高了思想政治课教学的针对性和实效性，充分发挥了学生的主体作用。

3. 教学内容落实生活化

课堂教学必须源于现实生活，又要高于现实生活。丰富的社会生活提供了丰富的教学素材，怎样激活这些素材，使零散的生活素材更好地为教学服务？发挥它的教育功能是课堂教学生活化的关键所在。辩证唯物主义认识论认为人的认知规律是“实践—认识—再实践—再认识”，强调从实践中来，再回到实践中去。生活化的教学除了注重教学素材、教学情境的生活化外，也要注重教学内容落实的生活化。为此，生活化课堂必须具有学生自主学习、主动探究的氛围，要充分发挥学生的主体意识，促使他们积极感悟、体验生活的价值和生命的意义。所以在教学过程中，要通过开展时政开讲、辩论赛等各类活动来深化知识的理解。例如，在“民主决策”的教学中，开展了模拟听证会，听证会的主题由学生自己选定，分角色做准备。学生融入角色，把所学到的理论知识与生活中的情景交融，提高了理论联系实际的能力，加深了对学科知识的理解。

4. 课后延伸生活化

要促进学生学以致用能力的发展，教师可适当开展课外实践活动，让学生运用所学知识验证课堂设想，反思课堂体验，找到解决实际问题的方法。例如，在学习“公司的经营”一课中，为了让学生更深刻理解公司的相关内容，组织学生参观本土著名企业——立白的生产基地，学生在与企业管理者沟通交流的过程中不但加深了对公司相关知识点的理解，甚至激发了学生对就业、创业问题的思考。在“民主管理”一课中，分小组去走访村委会和居委会，了解村民、居民是如何实现当家作主的，再由学生在课堂上分别介绍村委会和居委会两个基层群众性自治组织。这类活动大大激发了学生的求知欲望，也使学生体验了参与之乐、思维之趣、成功之悦，体会到了理论在生活实践中的价值，真正实现“从生活中来，到生活中去”。

5. 习题编写生活化

要利用学生所面临的环境，向真实生活情境转化，让习题回归生活，增加习题的生活气息。充分发挥习题的素质教育功能，让习题具有生活性、现实性、挑战性，使学生在生动活泼的氛围中解答习题，在动脑动手的同时激发学生学习兴趣，培养理论联系实际、利用课堂知识解决实际问题的能力，提高学生的综合素质。高中政治四个模块与生活息息相关，所编写的题目应该以生活素材为背景，让习题既生动活泼、联系实际，又能巩固课堂上学过的理论知识，让学生感到政治就在身边。

四、开展生活化教学的思考

1. 开展生活化教学的意义

（1）生活给思想政治课教学注入动力。生活蕴含着知识与力量，是形成知识、能力、情感、态度、价值观之母。实施生活化教学最大的意义就在于能够培养和提高学生学习的兴趣和热情，拓展学生的体验渠道。将书本上的知识放在真实生活大背景中学习，走进现实社会生活的广阔天地，使学生感受到思想政治课所学习的知识对社会、对自身的未来发展具有非常重要的价值，使学生在与生活的沟通中真正感受到学习的意义和价值，进而得到自身发展，将思想政治的学习融入有关生活现象和解决实际的社会生活问题中，也能够真正激起学生的社会责任感，进行行之有效的责任教育，从而提高学生学习思想政治的积极性和主动性，让学生喜欢上思想政治课，乐于参与教学活动，能在学习的过程中体验成功，拓展学生的体验渠道，从而体现高中思想政治课的价值。

（2）生活化教学能实现学生不同的发展需求，促进学生的全面发展。生活化教学强调教学的目的是“培养人的生活品质，完善人的生活状态，提高人的生存能力，提高人的生活质量，使学生学会过美好的生活”。人的发展是一个知识能力、情感态度与价值观三维目标同时推进的全面过程，这些目标的实现离不开人的生活经验的融入与生活实践的锻炼、体验和陶冶。实施生活化教学符合学生认知规律和发展要求，关注学生的实际经验和生活世界，认可并尊重学生的差异性，丰富其情感体验，从而引导学生探寻生活的意义和生命的价值，使其能主动关注和解决社会生活中的问题，树立正确、积极的生活态度，掌握科学的生活方式，有利于促进学生的全面发展。

（3）有利于促进教师的专业成长。在新课程标准的指导下，开展生活化教学探究有利于使教师形成实用、有效的政治课教学新思路，运用生活化教学策略组织课堂教学，有利于真正转变教师的角色，突出了以学生为主体，注重学生的自主、合作和探究学习，改变传统的教学行为，从而促进教师的专业成长。

2．开展生活化教学的感悟

（1）要更新教学理念。辩证唯物主义告诉我们：正确的意识促进事物的发展。实现思想政治课教学的生活化是一个渐进的过程，需要老师们进行不断探索。教师必须树立与时俱进的生活化教学理念，要敢于自我否定，树立全新的师生观、教学观及评价观，真正做到“三贴近”，实现课堂教学生活化，让课堂充满生机，并令自己成为一个具有新理念、新思想、新方法的“新教师”。

（2）要做到知行合一、和合共进。行是知之始，知是行之成。教学，既是教师自身理论应用于实践的过程，也要求在教学过程中注重知识与实际的结合。和合共进强调师生关系要和谐。亲其师，信其道，和谐、民主、宽松的师生关系是“生活化课堂”的重要组成部分，是构建“生活化课堂”的基础。在政治课教学中，教师必须转变教学观念，坚持“生本”理念，去倾听、理解，为学生提供一个公平参与的机会，提供一个交互式的对话学习平台，把促进学生的全面发展作为思想政治课教学的出发点，关注学生的精神需求，指导学生的精神生活。开展生活化教学，既体现了理论与实际的结合，也体现了师生的和合精神，实现了师生素质的共同提升。

（3）要更新教学方式。课堂教学的过程离不开个体的体验和参与，要以提升个体生命质量和价值为目标。因此，在政治课教学过程中应更新教学方式，更多地关注学生的自主活动，以及在活动中的体验和感受，即由传统的师生授受教学向体验教学转变。在体验过程中，教学过程强调主体和客体的融合。

（4）要拓展教学时空。生活化课堂教学冲出了思想政治课长期忽略学生多彩的生活世界的局限性，把教学归于生活，用于生活，体现了“政治教学源于生活，寓于生活，用于生活”的全新教学理念。

政治课要沟通课堂内外，充分利用学校、家庭和社区等教育资源，开展综合性学习活动，拓宽学生的学习空间，增加学生的实践机会。构建立体性课堂，发挥学生的主体作用，在引导学生与生活世界的沟通中，实现知识、能力及情感的自然生成，从而达到个人成长、社会发展、自我价值和社会价值的完美统一。

参考文献

[1] 浅谈课堂生活化.（2011-12-15）[2014-11-10]. http：//www. zxxk. com/ArticleInfo. aspx？InfoID=161373.

[2] 戴彬. 高中政治教学生活化策略初探. 新课程学习（下），2011（1）.

[3] 贺伟. 高中思想政治生活化教学模式的构建. 新课程研究（基础教育），2008（8）.

[4] 徐慧珍. 关于高中思想政治生活化课堂教学的思考. 教师，2011（4）.

[5] 史降宁. 试论高中政治课堂教学的生活化. 内蒙古教育（理论研究版），2011（1）.

[6] 高中政治生活化教学涵义论文.（2010-08-02）[2014-11-10]. http：//www. gwyoo. com/lunwen/jylw/jyjxlw/201008/387944. html.

[7] 罗瑞林. 高中政治生活化教学的几点思考. 黔东南日报，2013-08-03（08）.

[8] 卢虎成. 高中政治教学生活化策略初探. 中山教育信息网，2007-06-06.

[9] 高飞. 试论新课程理念下高中思想政治课的生活化教学. 大连：辽宁师范大学，2010.

基于学标开展高效复习策略研究

王　苑

【摘要】初中思想品德是一门德育的综合性课程，由于教师对本课程的性质把握不准，造成复习课教学目标不清晰，复习课堂变成了对知识的简单重复，不能激发学生内在的学习积极性。本文从分析初中思想品德课效率低下的原因入手，从教师和学生两个角度思考提高初中思想品德复习课的策略。

【关键词】复习课　教学策略

一、初中思想品德复习课效率低下的原因

（1）《义务教育思想品德课程标准（2011 年版）》没有对复习课的教学目标、方式等进行清晰的界定，所以教师在确定教学目标、选择教学方式上，随意性较大，很多教师上复习课就纯粹是对知识点的重现，然后要求学生背诵或画书。

（2）对思想品德的考查中，开卷分数占了六成，学生思想上总是认为可以等到考试时再翻书找答案，缺乏对复习课的重视。

（3）初中思想品德课程是以初中学生生活为基础、以引导和促进初中学生思想品德发展为根本目的的综合性课程。相对来说学习内容容易理解，知识点之间的逻辑关系不是很强，所以在复习课堂上，学生会有松懈的思想。

《初中思想品德学业质量评价标准》给学生的自主复习、教师复习目标的界定、教学方法的选取、复习目标的检测提供了具体的依据，对提高复习效率提供了有效的保障。

二、基于学标的初中思想品德复习策略

1. 引导学生根据学标的要求自主复习，有效自评互评

学生是学习的主体，在上复习课时也应该充分体现学生的主体地位。尊重学生的主体地位并不意味着放手让学生漫无目的地进行复习，而要指导学生根据学标里的课程标准进行自主复习，这对提高复习课的效率能起到很好的铺垫作用。

（1）根据学标自主建构知识结构图。学生利用课外时间研究学标里对情感态度价值观、知识、能力三维目标的表述，结合课本和学标的要求，自主梳理一个单元的知识，把零散的知识点按自己的理解整理成知识结构图。

（2）根据学标完善知识结构图。同一个学习小组成员对照学标的规定，对同组成员的知识结构图进行质疑、修改、完善。经过自主思考和组员之间思维的碰撞，每个同学对要复习的内容和要达到的要求都有了一定的了解。

2. 教师根据学标设计复习课的教学目标，选择适合的教学方式

复习课不是对学过的知识的简单重现，而是对学过知识的梳理，是对易错、易混淆知识的对比分析、对同质学习的内容整合，而要达到这个目标，就要充分发挥教师的主导作用。

（1）根据学标的要求设计好复习课的教学目标。复习课的教学目标要区别于新授课的教学目标。复习课不再是考虑对零散的知识点的记忆、理解、运用，而是要考虑学生通过什么方式对一个单元知识进行梳理整合，也要综合考虑通过什么途径来帮助学生区分一个单元中易混淆的知识点，更要考虑通过知识的梳理来帮助学生提高什么能力、形成什么新的情感态度价值观。

（2）根据学标的要求、结合学生的实际情况，选择高效的复习方式。复习课上的内容都是学生已经学习过的，简单重现知识点会降低学生参与课堂的积极性；而要提高复习课的效率，激发学生的学习积极性是关键。例如，可以展示学生在课前梳理的典型单元知识结构图，让其他小组的同学来当小老师，点评做得好的地方，提出要修改和完善的地方，最后教师针对学生的学习情况进行点拨，引导学生进一步认识知识点与知识点之间的关系；在复习课上设置新的情境，引导学生运用梳理整合好的知识结构分析新情境，解决新问题，通过这一环节提高学生提取信息、分析解决问题的思维和能力。要想设置的情境达到培养学生能力的目的，情境后面的问题设置尤为重要，而问题设置的依据也是学标的要求。结合笔者所教学生的水平参差不齐的情况，笔者在每个情境后面由浅到深设置不同

难度的思考题，让不同学习能力的学生根据自己的实际能力有选择地进行探究，争取让每个学生在复习课上都有所体会和收获；有些要求比较高，靠学生的个人能力很难达到的，教师可以提出具体的要求，利用小组合作的形式进行讨论、研究，并要求小组做好讨论的记录，讨论结束后展示每个学习小组讨论的结果，于是学生在互相启发的过程中充分激发了学习的自觉性，同时也达到了突破教学难点的目的。

3．教师根据学标的要求编制评价的内容，选择评价的方式，提高评价的信度和效度

学标的制定为有效评价与诊断本学科的学习问题和教学问题提供了参照系。

（1）设置纸笔测验的内容和形式。根据学标的要求，教师编制能有效检测学生是否达成预设的学习目标的纸笔测试性题目。这些纸笔测试性题目可以是填空题、选择题、匹配题，也可以是简答题或论述题，至于具体采用什么题型进行检测，一定要根据学标的要求来制定。通过巡视课堂或批改测验卷，教师就能比较准确地掌握学生学习情况，为调整下一阶段的教学提供很好的依据。

（2）设置表现性评价的内容和形式。要比较准确、全面地检测复习课教学目标的达成度，除了用纸笔测验进行检测，还应该采用多种评价方式。如对学标里“情感态度”和“价值观”的目标要求，可以采用观察评价法；对于学生的测验试卷，除了给予一定的分数，还可以给予描述性评语评价；对学生合作完成单元知识结构图或者课堂上小组讨论，可以给予表现评价。基于学标和学生实际制定个性化的评价指标，有利于提高复习的效率，也有利于学生的全面发展。

朗读法在历史教学中的运用

张颖欣

【摘要】中学历史常用的教学方法主要有讲述法、讲解法、谈话法等，许多历史老师在课堂上也多局限于这几种教学方法。学校的“真光课堂”行动计划提出，教学方法应实现多样化，让学生在各式教学方法中掌握知识。本文介绍了朗读法在历史教学中的运用，并通过具体事例来说明合理运用这种方法所达到的良好效果。除此之外，本文还指出了使用这种教学方法的注意事项。

【关键词】朗读法　历史教学　教学实例

“家事、国事、天下事，事事关心；风声、雨声、读书声，声声入耳。”声声入耳的读书声，带给我们昂然的激情、青春的勃发、年少的朝气；它响彻我们的课堂，洒遍我们的校园，激荡在我们的心中。

然而不知何时，朗读成了语文、英文学科的“专利”。历史课堂很难听到声声入耳的读书声，历史教师忽视对朗读法的运用，以致历史课缺少读书的生机。而实际上，只要运用得当，朗读法在历史课堂上有着种种妙用。

一、利用朗读法，增进学生的理解

朗读法是指通过朗读来使学生理解文章的形式和内容的一种教学方法。从其定义可看出，朗读法在历史课堂上起的一个重要作用就是帮助学生对历史知识的理解。古人云：“读书百遍，其义自见。”可见朗读与理解之间的重要关系。

比如，在上“夏、商、西周的政治制度”这课时，需要讲授到两个新的历史名词——宗法制与分封制。如何让学生更好地理解这两个新的知识点呢？笔者先让学生把这两个概念朗读一遍，使学生对这两个概念有了初步了解，然后笔者进一步解释说明。这样既可让学生更好地理解新知识点，也可以避免部分学生因没有预习课本而出现手足无措的状况。因此，在教学中，当学生碰上陌生的历史概念时，教师不妨先让学生将其定义朗读一遍，让他们对陌生的概念有个感性认识，然后再对这个概念进行解释。这样做，相信学生会更容易理解和接受这个新的历史知识点。

除此之外，教师在历史课堂上不可避免地要对教材中关键性材料或备课中精心选取的辅助材料进行提问。在提问之前，教师不妨先让学生朗读材料，让他们理解文意，在此基础上再引导学生回答问题，效果将会好得多。

二、利用朗读法，强化学生的记忆

朱熹认为，“凡读书……不可牵强暗记，只是要多诵读数遍，自然上口，永久不忘”。“科学实验也证明，一篇千字左右的文章，默读所能记下的内容大概只有五分之一，而朗读一遍则会对三分之一的内容留下较深刻的印象。”由此可见，朗读可以增强学生对所学知识的记忆，加深识记的牢固程度。

历史学科中要求记忆的内容比较多，在传统的历史教学中，教师习惯布置大量的书面作业来强化学生对知识点的记忆。这样既加重了学生的学习负担，又忽略了朗读法在教学中的能动作用。在历史课堂上，教师若能充分利用朗读法，有目的、有重点地加强朗读，无疑将有助于加深学生对知识点的记忆，减轻学生的书写负担。

三、利用朗读法，振奋学生的精神

一堂历史课为 40 或 45 分钟。根据中学生的心理特点，学生在课堂上不可能长时间都集中注意力。一般在上了十几分钟课之后，学生的精神开始疲惫，注意力开始涣散。这时，就需要老师在课堂上增添一些“兴奋剂”来振奋学生的精神，而朗读法就是其中一种有效的“兴奋剂”。琅琅的读书声可以唤醒略带倦意的学生，可以让“身在曹营心在汉”的学生集中注意力，还可以让玩小物品、做小动作的学生停止与教学无关的行为，思维重新回到课堂。

就像笔者所在学校的江惠庄老师在其教学心得中所说的，“每当发现学生疲倦的时候，（教师）如果能适时地组织学生进行集体朗读或者重点段落朗读，就像给学生注射了兴奋剂，可以迅速把学生分散的注意力集中起来，学生思维随之活跃起来”。

四、利用朗读法，培养学生的情感态度与价值观

作为人文学科，历史蕴含着极其丰富的情感态度与价值观。让学生得到这种人文感悟，是新课程下的历史教学改革所孜孜追求的。

例如，教师在教授“祖国统一大业”一课中“香港、澳门回归的意义”时，如果只是采用简单的分析归纳，课堂就会显得干瘪枯燥，学生情感态度与价值观目标的实现也会大打折扣。但若教师在分析归纳的基础上，让全班同学以饱含激情的语调齐声朗读课文相关段落，就能让学生更好地体会到中华儿女欢欣鼓舞、吐气扬眉的心情，领会到港澳回归对于洗刷祖国百年历史耻辱、促进祖国统一大业所产生的深远影响。在这种氛围之下，学生的民族自尊心和自豪感油然而生。

由此可见，朗读法在历史课堂的应用有助于学生情感的熏陶、人文精神的滋养，能引起学生的思想共鸣，培养其积极向上的情感态度与价值观。

五、利用朗读法，规范学生的口头与书面表达能力

笔者在教人教版必修三的时候，发现一些学生的语言表达能力及文字表达能力都比较薄弱。如在回答“文艺复兴最先出现在意大利的原因”这一题时，部分学生写到“意大利钱多”“意大利人思想开放”“意大利资本主义经济萌芽”等过于口语化、通俗化、不标准的答案。

在历史课堂上运用朗读法，则能有效地丰富学生的语言储备，锻炼学生的历史语感，让他们潜移默化地学习和吸收教材中的规范语言，更好地解读、建构历史专业术语，从而提高他们口头与书面表达能力。

六、利用朗读法，提高学生的学习兴趣

朗读法的运用，改变了以往课堂上教师从头到尾唱独角戏的现象，消除了学生“事不关己，高高挂起”的心态，充分发挥了学生在课堂上的主观能动性，调动起学生主动参与教学的积极性，从而激发了他们的学习兴趣。另外，由于朗读这项技能较为简单，一些基础比较弱的学生也能胜任，并能通过朗读得到老师和同学的肯定，这无疑增加了他们学习的自信心和兴趣。

综上所述，看似传统古老而以往更多在语文、英语教学中受到重视的朗读法，只要在历史教学课堂中运用得当，同样可以增进学生理解，增强学生记忆，振奋学生精神，培养学生情感态度与价值观，规范学生口头与书面表达能力，提高学生学习兴趣，这无疑与学校提出的“真光课堂”行动计划精神是契合的。

虽然朗读法在历史课堂上有着种种妙用，但是在运用的时候仍有需要注意的地方。首先，要注意朗读的时间。学生朗读的时间不宜过长，因为长时间的朗读会让学生疲劳，影响朗读的质量。其次，要注意朗读的质量。学生在朗读的时候，教师应关注学生的语音、语调、语速。观察学生有没有生字不懂，语句、语群停顿正不正确，不能让学生“知其字，不知其意；知其然，不知其所以然”地读。最后，在学生朗读之前可布置任务，让学生带着问题、目的去读书。这样，既可避免学生如无头苍蝇般无目的地读书，也可避免学生“走神”的情况发生。

参考文献

[1] 连树声. 中学语文教学理论与实践. 北京：北京教育出版社，1993.
[2] 朱熹. 训学斋规. 上海：上海古籍出版社，1998.
[3] 陈琦. 当代教育心理学. 北京：北京师范大学出版社，1997.

试谈地理校本课程“荔湾乡土地理”的开发

张伟明

【摘要】新课程改革把校本课程与国家课程、地方课程并列，作为课程三大板块之一。由于校本课程开发在我国起步较晚，理论上尚处于探索阶段，实践上更处于萌芽状态，因此我们有必要对校本课程进行开发研究。真光中学的教师在开发地理校本课程“荔湾乡土地理”的过程中有了一些认识和体会，本文就该校地理校本课程开发的背景、理论依据，开发策略、课程性质、基本理念、课程目标、课程内容选择和课程的实施做一些探讨和示例。

【关键词】地理校本课程　策略　理念　目标

《中共中央国务院关于深化教育改革全面推进素质教育的决定》明确指出，要“调整和改革课程体系、结构、内容，建立新的基础教育课程体系，试行国家课程、地方课程和学校课程”。当前已开始的新一轮课程改革将校本课程与国家课程、地方课程并列，作为课程三大板块之一。为适应新的课程改革需要，急需对新增设的校本课程进行研究。同时，校本课程开发对学校发展具有重要的意义，它既有利于学校课程管理和决策民主化、课程资源优置化，又有利于教师业务水准的不断提高、学生综合素质发展和学校特色化。由此，校本课程开发已成为当前我国课程改革的重要内容和途径。本文就地理校本课程“荔湾乡土地理”的开发谈几点认识。

一、地理校本课程开发的背景

校本课程是以学校为基地，以满足学生需要和体现学校办学理念与特色为目的，由学校采取民主原则和开放手段，由教师按一定课程编制程序而进行的课程。国家课程的局限性：一是课程周期长，缺乏灵活性，严重滞后于社会变革，尤其是不能及时反映科技进步的成果与当地社会生活和社会发展需求的实际变化，时效性差；二是学科专家处于课程开发的核心位置，课程设计定位在学科结构中的层次缺乏课程系统结构的整体把握，导致单一狭隘的专家型课程目标和决策渠道，缺乏多层次、多途径、全方位满足社会发展和学生发展需求的课程体制与能力；三是开发课程的学科专家与实际执行课程的教师之间缺少应有的紧密联系，否定并排斥广大教师独立判断及参与课程开发的积极性和创造性，降低了课程革新对于学校教育的实际影响，致使课程改革不能取得预期的成果。校本课程开发的出现正是对国家课程开发所遇到的挑战所做出的反应，它能提高教育的效益以及教育适应变革的能力。

与国家课程开发注重基础性和统一性的特点相比较，校本课程开发充分尊重与满足广大师生及学校教育环境的独特性和差异性。由于学校教育的具体执行者教师广泛参与课程决策，学校的纵向与横向课程中都充分考虑到学生的需要，考虑到特定学校的具体教育环境，突出本校的课程特色，尤其是充分尊重学校师生及学校环境的独特性和差异性，因而对学校的教育教学产生重要影响。进行校本课程开发，有助于学校形成支持和激励性的氛围，形成渠道通畅的校内外交流，调动广大师生的积极性。

过去真光中学在开设地理选修课、地理活动课、研究性学习的过程中积累了不少成功的经验，为地理校本课程的开发打下了坚实的基础。通过调查学生需求、分析学校资源、把握社区发展的需要等，我们编撰了地理校本课程“荔湾乡土地理”。

二、开发地理校本课程的理论依据

1. 赞可夫的发展性原则

随着学生认知能力的发展，教学内容应逐渐丰富和深化，组织形式需要逐渐复杂化，教学活动的计划性、独立性和创造性应逐步提高，以尊重学生个性为前提，以学生的自身发展为目的。

2. 维果茨基的“活动理论”

“客体—活动—主体”论，即在客体的作用和主体的状态变化之间插入一个特殊的中间环节——主体活动，让学生在学习中具有活动意识，积极参与教学过程，多动脑动手。

3. 成功心理学理论

每个人都有成功的潜能和欲望，有获得认可的需要。地理校本课程按学生需求为学生提供了许多成功的机会，学生成为主动参与者，在知识的获得、动手操作，对事物的判断和提出解决问题的方法等方面均得到很大的促进作用。在学习过程中，学生充分享受到成功的喜悦，进而强化学习动机，增进自信心。

三、地理校本课程开发的策略

1. 明确办学理念

贯彻执行“教育必须为社会主义现代化建设服务，必须与生产劳动相结合，培养德、智、体、美等全面发展的社会主义事业建设者和接班人”的方针。培养的学生应该是有爱心（heart）、会思考（head）、勤实践（hand）、强体魄（health）和坚持“四统一”的一代新人。学校以提高学生素质为根本宗旨，以培养学生的创新精神和实践能力为重点，使学生的思想道德、文化素养、劳动技能、审美情趣和身心素质进一步得到提高，并初步具有创新精神、实践能力、终身学习的能力和适应社会生活的能力，促进学生个性的健康发展，为高一级学校和社会各行各业输送素质良好的毕业生。

2. 对学生、社区、社会的需求分析

“荔湾乡土地理”课程的开发是在办学理念指导下进行需求分析的。需求分析的是学生需求、社区需求和社会需求。遵循“因材开发”“因地开发”的原则，充分考虑荔湾地区需求和社会需求，开发出既满足学生需求又有利于荔湾地区和社会发展的校本课程。

3. 本校资源评估

“荔湾乡土地理”课程的开发充分考虑到学校的资源条件，包括学校的底蕴、教师的专业能力和学生的学习能力、学校可提供的物质资源等。

4. 本校优势评估

“荔湾乡土地理”课程的开发是一项系统工程，需对学校优势包括管理优势、教师优势和学生优势进行评估。在明确本校特色和优势后，扬长避短，可以有效地提高课程开发质量。

四、课程性质

“荔湾乡土地理”是一门面向高中学生的综合课，本课程为选修课，每周安排两课时，共一学年。1/3 的课程用于师生共同研究学习，2/3 的时间用于学生调查研究，让学生完成自己确定的研究课题，最后 1 ~2 次课为研究交流时间。

本课程主要有以下四个方面的特征：

（1）地域性。本课程主要研究荔湾地区自然、经济、文化的特征，具有明显的乡土特征。

（2）实践性。本课程强调与社会的密切联系，注重学生的主动学习，提倡体验、探究、参与、合作、讨论、调查、社会实践等多种学习方式，促进学生社会实践能力的发展。

（3）综合性。本课程从学生周围的环境、具有的经验和发展的需要出发，对 10 个专题知识进行归纳，注重知识拓宽和运用，以全面、发展和联系的观点，使学习者获得较为全面、正确的人地观念与综合运用技能和知识的能力。

（4）动态性。基于荔湾区“水秀花乡”品牌闻名、区经济文化高速发展的现状，本课程主要专题的具体内容随着时间的推移和区域变化、学生情况的变化而不断发展变化，不断充实新内容和新思想，以激发学生的探究动机和学习兴趣。

五、基本理念

（1）构建满足不同需要的地理课程，构建促进学生全面发展的地理课程，构建开放性地理课程。

（2）注重社会实践能力的培养，注重对地理问题的质疑和探究，充分重视校外地理课程资源的开发利用。

（3）学习对生活有用的地理。引导学生从身边的地理知识入手进行测量、调查和研究，加强学生的参与性、探索性；推动教学设计活动化，使学生获得积极、愉快、成功体验的过程。

（4）采用发展性教学评价。本课程注重过程性评价，将学生平时的学习过程与最终的学习成果结合起来，采用小组评议、教师评价结合的方式，倡导合作学习方式。

六、课程目标

（1）以促进学生全面发展为主要目标，着眼于改善学生的知识结构、发展学生的个性特长、注重学生的兴趣和需要。

（2）提倡并鼓励学生主动参与，强调学生获取直接经验和学生个性的自然发展；尊重学生的个体性和差异性。

（3）渗透探究式学习；培养学生的创新精神和实践能力；培育学生的公民意识；培养正确的价值观和积极的态度，直面时代的挑战。

（4）发展学生的地理观测、调查等获取地理信息的能力，使其初步学会判断评价地理事物的基本方法。

（5）学生能查阅社会有关部门相关资料，积极参与问题研究，提出自己的见解和建议，并与他人交流。

（6）学生能关心家乡基本情况，关注家乡的发展，增强热爱家乡的情感。强调学生与社会的联系，发挥社区课程资源的教育作用，培养学生的社会责任感。

七、课程内容选择

校本课程开发的内容是校本课程开发的关键，它直接体现着校本课程开发的理念和目的。当前，地理校本课程开发的内容主要有：

1．基础性课程

（1）对课程内容的更新，采取的方式常是改编、新编或扩编。

（2）对课程结构的革新，包括学科知识分层建构（如：A．学科知识横向整合，国家教学大纲的最低要求；B．参照国家必修与选修的综合要求，适当增加和补充内容；C．重新编写教学大纲，对原教材进行改编和新编）。

（3）学习策略课程开发，学习策略课程的目的是使学生学会学习。

2．发展性课程

发展性课程是指拓展学生能力、激发学生创造力的课程。它在基础性课程上提高了要求、增加了难度，以培养研究性、创造性人才为目的。相对于丰富性课程的多样性和趣味性，它更重视学科的前沿性、学术性和学习的探究性。如地理学科知识辅导、地理小论文的撰写等。

3．丰富性课程

丰富性课程是指丰富学生生活、促进学生全面发展、提高学生综合素质和生活质量的课程。如外出旅游，查阅有关地理图表、地理网页信息，制作地理网页，开展考察实验课程等。

针对学生熟悉荔湾、关注荔湾以及今后参与建设荔湾的特点，本课程以“人—地关系”的思想作为构建课程内容的基点，以学生身边的地理为学习和探究的领域。在具体内容的筛选方面，以两个相互联系的线索“区域性”和“实践性”来选取课程内容，不追求内容的全面性和逻辑性，确定了9个相对独立的专题内容（包括绘制地图、进行气象观测、测定经纬度、调查街道人口、游览荔湾、研究茶文化、调查广钢工业、考察荔湾花卉、考察荔湾交通发展）。

八、以创新的方式进行课程的实施

这是地理校本课程开发取得成功的关键。

（1）开放性的教学方式：教学方式必须抛弃“老师讲、学生听，然后做作业”的传统方法，不能刻意追求理论知识的系统性、连贯性和深刻性，而应在充分尊重学生主体地位的前提下，充分体现知识学习的兴趣性、时代性和地域性，学生学习可以采用尽可能多的方式，如亲身体验、查阅书籍、浏览互联网、咨询社区中心等，然后对这些信息进行综合加工和处理，最后在课堂上通过讨论、交流等方式进一步加工处理，形成报告或网页，以达到资源共享的目的。教师主要需扮演好组织者、参与者和指导者的角色。在具体的教学形式中，可多采用社会调查、讨论、辩论、小论文、评价等形式，让学生主动亮出自己的观点和认识，教师在反馈中再对其加以引导。

（2）把研究性学习的方式引进校本课程教学。校本课程本来就是学生根据自己的爱好和特长自主选修的课程。如果教师用传统的教学方式去教学，学生一定感到乏味，其教学效果会大打折扣。因此，我们应注意保护和引导师生在研究性学习课程中焕发出来的积极性，把研究性学习方式引入校本课程的教学。

（3）选择恰当的课程评价方式。地理校本课程必须有相应的课程评价，地理校本课程的教学目标决定本课程比较适宜采用形成性评价方式，即主要通过经常性的检查、多种形式的考查手段重点评价其学习的过程。采用这样的课程评价方式，可以减少因考试而带来的心理压力，进一步激发学生学习兴趣，实现教学目标。

由于校本课程开发在我国起步较晚，理论上尚处于探索阶段，实践上更处于萌芽状态，校本课程开发还需要进行不断充实、完善，从而优化课程结构，切实发挥地方课程的育人功能。

九、示例

荔湾区白鹤洞街人口、民族、街道发展与分布的调查与评价。

（一）教学目标

（1）知识目标：了解街道或地区人口、民族、街道发展与分布情况，了解人口数量对环境的影响。

（2）能力目标：掌握对人口、民族、街道发展与分布的调查方法与评价方法，提出相应的解决问题的措施，提高学生运用所学知识观察、分析、判断、评价和解决问题的能力。

（3）情感目标：进一步了解国情、乡情、民情和有关的国策、政策。

（二）教学重点：对白鹤洞街人口、民族、街道发展做出适当评价

（三）教学媒体：学生准备的 PPT 资料，荔湾区和广州市人口、民族、街道的相关资料

（四）教学方法：调查、讨论、评价法

（五）课时：1 课时

（六）教学对象：高二年级

（七）课前准备

（1）分组：全班分成 6～8 个小组。

（2）提前一周先到有关部门或单位（如人口研究所、公安派出所、民政部门等）查阅有关统计资料，到学校旁白鹤洞街对人口发展与分布状况，民族构成、发展与分布状况，白鹤洞街发展与分布状况进行调查、座谈、访问、了解。

（八）教学过程

（1）各小组用 PPT 形式展示调查资料。

（2）讨论：人口发展现状与发展速度是否合理、适度？

（3）讨论：当地人口的发展是否与当地经济基础和经济发展速度相适应、相协调？应当怎样合理进行调整和改进？人口数量对街道环境有哪些影响？

（4）通过讨论，举一反三，评价当地民族、经济、城镇的发展与当地经济基础和经济发展速度是否相适应、相协调，应当怎样合理进行调整和改进？

（5）各小组谈谈街道工农业、交通、环境还有哪些问题，如何解决？

（6）对比荔湾区和广州市的人口、民族的相关材料，提出对白鹤洞街进行综合治理和制订发展前景规划方面的措施、意见和建议。

（7）各小组对调查工作、评价、讨论进行总结、评分。

（8）教师对调查工作、评价、讨论进行总结、评分。

白鹤洞街调查提纲

（1）街道的自然概况与历史沿革：①地理位置特点；②地形、气候、河湖的特点与分布；③自然资源、土地利用及土壤性质与肥力状况；④街道兴起与发展演变过程及名胜古迹。

（2）街道居民概况：①户数、人口数及人口增长情况；②居民职业构成与文化水平（各类从业人员和文化程度所占百分比）。

（3）经济发展状况：①工业（包括街道企业）主要部门产值增长与布局状况；②交通和贸易（内外联系主要交通线和商品集散与内外贸易渠道的发展等）；③街道主要职能及其在该地区所起的作用。

（4）居民物质文化生活：①人均收入状况；②市政建设与居民住房、环境条件；③公共文化、卫生、旅游、福利设施及其布局。

（5）环境问题与保护：①环境污染情况及其治理保护措施；②环境绿化情况；③地方性流行疾病（发病原因）及其防治。

（6）分析、评价与建议：①对街道发展与布局中存在问题的分析、评价；②对调整改进及发展方向问题的意见和建议。

参考文献

［1］王斌华．校本课程论．上海：上海教育出版社，2000.

［2］周韫玉，张瑞玲．中小学校课程开发与示例．北京：清华大学出版社，2002.

［3］崔允漷．校本课程开发的问题与共识．中国教育报，2002-10-08（3）.

[4] 郭元祥．关于地方课程开发的几点思考．课程·教材·教法，2000（1）．

[5] 吴刚平．校本课程开发的定性思考．教育科学论坛，2000（1）．

[6] 门秀萍．中小学校本课程开发的理论与实践．北京：开明出版社，2003．

[7] 杨平，周广强．谁来决定我们学校的课程：谈校本课程的开发．北京：北京大学出版社，2002．

地理教学中乡土案例教学初探

高清建

【摘要】以奥苏贝尔认知同化学习理论为指导建构起来的乡土案例教学，其实施包含课前、课堂和课后三个阶段，其中课堂实施是重点。课前侧重在教学目标的有效确定和乡土案例的科学选择；课堂上表现为教学目标和案例的有效呈现，探究问题的有效设置和科学呈现，把学生的自主探究、小组讨论和群体交流结合起来，进行总结提升，构建合理认知结构，提升能力；课后侧重于巩固提高，进一步提升能力。

【关键词】认知同化　乡土案例教学　课前准备　课堂实施　课后巩固

一、乡土案例教学的提出

教育部《基础教育课程改革纲要（试行）》明确提出，改变课程过于注重知识传授的倾向，强调形成积极主动的学习态度，使获得基础知识与基本技能的过程同时成为学习和形成正确价值观的过程，改变课程实施过于强调接受性学习、死记硬背、机械训练的现状，倡导学生主动参与、乐于探究、勤于动手，培养学生搜集和处理信息的能力、获得新知识的能力、分析和解决问题的能力，以及交流和合作的能力。案例教学对于实现地理教学的上述变化具有重要作用。纵观各个版本的高中地理新教材，可以发现在各个模块尤其是必修二和必修三的模块中，大量的课程内容是以案例的形式呈现的。案例成了地理教学中素质教育的重要载体，对激发学生的求知欲、转变教师的教法及学生的学法、提高学生分析问题和解决问题的能力具有重要意义，案例教学尤其是乡土案例教学利于深化理论学习，利于培养学生的创新意识和实践能力，利于激发学生学习地理的兴趣和爱国主义情感，使学生确立正确的人口观、资源观、环境观以及可持续发展观念。因此，案例教学尤其是乡土案例教学的成功，对素质教育的实现意义非比寻常。

二、乡土案例教学的理论基础

乡土案例教学是以奥苏贝尔的认知同化学习理论为指导建构起来的。该理论是用同化思想来解释外在逻辑意义向个体的心理意义转化的过程和条件的学说。该理论认为，意义学习有两个先决条件：一是学生表现出一种意义学习的心向，即表现出一种在新学的内容与自己已有的知识之间建立联系的倾向；二是学习内容对学生具有潜在意义，即能够与学生已有的知识结构联系起来。其理论的核心是：在新知识的学习中，学习者认知结构中原有的适当观念起决定作用。这种原有的适当观念对新知识起固定作用，故称之为起固定作用的观念，也称为固定点。新知识是通过新信息与起固定作用的观念进行相互同化而获得的。该理论提出了逐渐分化（主要表现在下位学习中）和整合协调（主要表现在上位学习和组合学习中）两个教学原则，并提出了具体应用的策略，即先行组织者策略。先行组织者是指先于学习任务本身呈现的一种引导性材料，它要比学习任务本身具有更高的抽象、概括和综合水平，并且能够清晰地与认知中原有的观念和新的学习任务之间建立联系，它在学习者已知内容与需要掌握的内容之间架设了一道知识的桥梁，使其能够更加有效地学习新材料。

三、乡土案例教学的内涵

要进行乡土案例教学，首先需要弄清楚案例、案例教学和乡土案例教学的内涵。

简单来说，案例是对实际情境的描述，在这个情境中，包含一个或几个疑难问题，同时也包含解决这些问题的方法，它来源于实际情境并为一定的教学目标服务，一般也具有鲜明的时代特征，其评测具有较大的灵活性。

案例教学是一种开放式教学方法，通过对一个具体的教学情境的描述，引导学生对案例进行观察、调查、分析、讨论、实践、思考与归纳。它不仅包括教师的“教”，还涵盖了学生的“学”，即在“教”知识的同时渗透“学”知识的方法，在让学生学知识的同时学会学习的方法，从而培养学生的创新意识和实践能力，是教法和学法的有机统一。

乡土案例教学则是借助乡土地理案例为载体而展开的一种开放式的案例教学活动。除具有案例教学的一切特征外，它还更贴近学生生活，使学生能切身感受到生动的事实，能很好地优化学生的认知结构，减轻学生掌握新知识的负担，减少学生同化新知识的障碍。由于其具有的独特的乡土情感价值，因而更易激起学生学习的兴趣，诱发学生的参与积极性，引发学生的深思细想，激发学生的探究热情，形成强而持续的学习动机。学生往往会由被动地接收信息、分析处理信息变为主动地利用信息解决问题。整个学习过程中更易形成积极发展、主动发展、大胆探索、大胆创新的心向，实现学生学习方式由被动到主动，由死记硬背、机械记忆到探索创新、动手动脑的根本转变，这非常有利于素质教育的实施，符合新课程改革的理念。

四、乡土案例教学的实施

乡土地理案例教学作为高中地理新课程实施的一个重要载体，它的有效实施可以从课前准备、课堂实施和课后巩固三个方面来进行认真把握。

（一）乡土地理案例教学的课前准备

课前准备涉及教学目标的确定与根据教学目标和教学实际进行的乡土案例选编。

1．教学目标的确定

教学目标的确定应根据课标的要求和学生的学习情况，陈述的是学生的学习结果，反映的是学生在认知、情感、动作技能等方面的行为变化，而主要不是教师应该做什么。教学目标要力求明确、具体、可以观察和测量，尽量避免用含糊、不切实际的语言陈述目标，也就是说，它要求应当用特定的术语描述在教学后学生应做以前不能做的事情。教学目标还应尽量反映学习效果的层次性。如在必修二“城市内部空间结构”的教学中，可以把教学目标设置如下：①能准确判断城市的外部形态，并分析其形态与地理环境的关系；②能正确识别城市中常见的土地利用类型，并能结合案例归纳出住宅区、商业区、工业区等功能区的主要特征和分布规律；③结合案例掌握城市内部空间结构的一般规律，并能应用经济、社会、历史和政治的因素对城市内部空间结构规律的形成与变化进行合理分析；④在上述教学过程中培养学生用联系的观点、发展的观点和辩证的观点来看待问题，培养学生热爱家乡、投身家乡建设的情感。以上四个目标层层深入，具有一定的层次性，目标要求也比较明确具体，利于对教学效果的测量。

2. 乡土案例的选编

乡土案例的选编应根据新课标以及教学目标的要求，结合学生的实际和热点地理问题，在正确原则的指导下，符合地理客观实际，对乡土案例进行精选和认真加工，切忌不加思考的“信手拈来”。乡土案例应该具有真实性、科学性、典型性、时效性，既能反映地理事物的一般规律，提示地理要素的内在联系和地理原理，又能贴近生活实际，符合新课标要求。案例探究问题在设计上应当难易程度适中，具有探究性、启发性，能激起学生探究的兴趣，能反映地理原理或规律，利于学生能力的培养。如在介绍交通运输和农产品保鲜冷藏技术对农业区位选择的影响时，可结合广东荔枝热销欧美的情况，设置如下具有较强探究性的问题：保鲜期短一直是荔枝生产和销售的一大障碍，但近几年来，广东省荔枝出现了远销欧美国家的情况，而且还卖到了13欧元/公斤的天价，极大地促进荔枝的生产和销售，请你分析是哪些原因促使了这一现象的产生。由于此探究案例具有浓郁的乡土气息，贴近学生的生活实际，加上难易程度适中，具有较强的启发性和探究性，学生结合当地实际，经过认真思考，一般不难做出回答，案例背后的地理原理也就显而易见了。由于此案例具有以上特征，案例一经抛出，学生探究的热情会被极大地调动起来，探究的成效也是很显著的。

（二）乡土地理案例教学的课堂实施

1. 呈现教学目标，明确教学的要求和教学的重难点，使学生形成意义学习的心向

在教学目标的呈现上切忌流于形式。一般不宜平铺直叙，可通过各种有效的形式导入以呈现目标，避免枯燥无味，引起学生学习的兴趣，利于学生形成合理有效的学习动机，利于学生对学习进行有效的自我评价、自我反馈和自我调适，利于学生在现有认知结构和目标认知结构之间找到一个平衡点，努力实现现有认知结构向目标认知结构的转化，从而优化自身认知结构，促进能力的生成和成长。如在“农业的区位选择”一节的教学中，可通过一些学生比较熟悉的典型地区的农业景观图片引入，先激发起学生学习的兴趣，再呈现出学习的目标，提出学习的要求，学生对目标的认知程度比先呈现教学目标再进行农业景观图片引入效果要好很多。再如，在学习“人口的迁移”时，可通过一些具有鲜明时代气息的人口迁移的案例（如改革开放后，百万人口下广东；广东省成为全国人口第一大省；广东“用工荒”的出现等）引入，使学生初步体会人口迁移的状况、原因、影响，在激起学生学习的兴趣后，再呈现出教学目标，这样就使学生对教学目标的认同度、接受度和要求掌握的积极性比直接呈现目标强很多。

2．呈现乡土案例，学生阅读感知

乡土案例呈现的方式可以是多样的，如印发乡土案例材料、学生或教师进行描述介绍、电教手段放映或模拟再现实际情景、学生角色扮演或记者采访等形式。无论采取哪种形式进行呈现，都应尽可能地渲染出案例所描述的氛围，让学生尽快进入案例情景中，从而感知案例，为后面分析与探究做好必要的准备。

3．设疑问难、合作交流，学生进行自主探究和小组讨论

在学生进入乡土案例情景中后，教师应立即设疑问难，引导学生通过自主探究和小组讨论来剖析解惑。

教师设置的问题要注意难易适中且具有层次性，所设置的问题不宜一次性全部抛出（在教学中发现，很多案例探究的问题如果一次性抛出，学生容易产生畏难情绪，失去探究的信心），而应根据学生认知同化的心理特点，由表及里、由浅入深、由此及彼地层层深入，促进学生对新知识的把握、培养学生的探究精神和提高学生的学习能力。

教师在抛出问题后，应给予学生一定时间进行独立思考以消化问题，并初步加深对问题的认识，为即将进行的小组讨论做好比较充分的准备。在实践中发现，教师在抛出问题后若不留给学生一定的时间进行独立思考来消化问题，学生在后面的小组讨论中往往较难深入，讨论问题和表达观点的积极性会受到一定程度的抑制。在留给学生一定的独立思考时间后再来展开小组讨论，学生对案例的问题就会有一定的想法，易产生与同学交流和表达自己观点的欲望，并且在小组讨论的过程中，随着观点间的碰撞和磨合不断地完善自己的观点与想法，提出了小组认同观点的同学，尤其会产生一种比较强烈的成就感，激发起探究的信心和积极性，并产生急于想和全班同学交流的心理倾向。

在小组讨论的过程中，所有学生都要求积极参与，教师不宜用自己的观点来随意地左右学生，应让每一个学生都有机会充分发表自己的观点，集思广益，而不是要求学生仅重复教科书。同时还应注意，小组讨论的时间不能太短也不能太长，太短会使学生的探讨热情启动不足，从而无法展开有效深入的探讨；太长会使学生的探讨热情回落，失去探讨的激情。那么，如何来把握探究时间的长短呢？可通过在学生讨论的过程中，教师进行课堂巡视来把握。教师在巡视的过程中，就要了解学生讨论的情况，一方面进行必要的点拨，另一方面把握学生讨论的进程，在学生讨论的最佳点上既不过早也不过晚地把教学引到下一个环节中去。

如在“城市内部空间结构”一节的教学中，为使学生能够很好地认识和理解城市内部主要功能区的分布规律，可结合广州市区图，设置如下三个层层递进的问题，引导学生步步深入地分组讨论来完成：①你知道的广州市的商业区、住宅区和工业区各有哪些？请你在广州市区图上标注出这些功能区。②这些功能区的分布各有什么特点或规律？③为什么会形成这样的特点或规律？在教学中采取一次性抛出这三个问题与逐个抛出这三个问题的两种教学方法，进行比较后，可以发现：两种方法都能迅速激发起学生探究的热情（这得益于探究的内容都是学生身边的地理现象，学生对此类现象往往具有很强的探究欲望），但一次性抛出问题的方法由于学生畏难情绪的产生，其探究热情保有的时间比较短，部分学生在探究的中途就出现动力不足的情况；而逐个抛出问题的方法使学生探究的热情在生生和师生一次次的互动中被持续地激发，加上问题设计的层层递进性，探究的高潮不断出现，探究的效率和效果都明显好于前者。

4. 教师主持班级群体交流，小组进行互补提高

班级群体交流是在教师主持下进行的全班同学积极参与的活动，它是小组讨论的延续和深入。在这个阶段，教师应该鼓励各小组充分、积极地表达自己的观点和看法，教师和学生都应学会欣赏他人的看法和观点，学会在分歧中尊重他人，发现他人的闪光点。要注意保护和促进学生进行交流的积极性，对学生的评价应根据学生回答的情况多采用切合实际的鼓励性评价，防止不切实际的乱表扬和无关痛痒的表扬。在班级群体交流的过程中，小组观点的碰撞同样会促进学生进一步深入思考，完善自己的想法，加深对问题的认识。教师还可以根据学生回答的情况，对学生讨论不够深入的地方，在恰当的时候以递进式、前后衔接、提问的方式进行点拨，以促使群体交流步步深入地进行下去，防止其浮在表面、流于形式，无法达到深刻理解的目的。

5. 总结提升，构建合理的认知结构，提升能力

这是乡土案例教学在课堂实施中的最后一个阶段，总结提升可以是学生自行完成，也可以是教师根据乡土案例教学的情况进行归纳总结，还可以是师生共同完成。通过总结提升，学生逐渐树立对某一地理问题或地理现象的正确态度，学会分析处理此类问题的方法，从而调整和完善学生原有的认知结构，形成新的更合理的认知结构体系，提升解决此类问题的能力。

（三）乡土地理案例教学的课后巩固阶段

在这个环节中，学生可以反思自己的学习情况，明确自己掌握和没有掌握的知识与能力，教师可以提供一些相应的典型习题来巩固学生所学的知识，也可以要求学生应用所学到的分析解决问题的方法来观察和解决一些现实的地理问题。其目的在于巩固学生在课堂教学中所形成的认知结构，进一步提升学生的能力。如在学习完“澳大利亚的混合农业”，了解了学习农业地域类型的方法（包括农业的区位和区位分析方法、农业生产的特点、农业发展中存在的问题及其发展措施）后，笔者及时布置学生利用课堂上学到的分析农业地域类型的方法在课后调查分析芳村花卉业的情况，从课后作业的情况来看，有些学生的分析显得比较凌乱，但很多学生的分析则已经比较全面，但无论哪种结果，在字里行间基本能看到学生应用学习农业地域类型的分析思路来解决问题的痕迹，相当一部分学生还学会了多角度分析问题。这一方面巩固了学生学习农业地域类型的方法，另一方面为后面进一步学习其他典型的农业地域类型打下了良好的方法论基础。

参考文献

［1］罗定. 高中地理案例教学的实践和研究初探.（2005－10－14）［2016－06－03］. http：//www. pep. com. cn / gzdl / jszx / jxyd / jxyj / 201008 / t20100827. 778997. htm.

［2］奥苏贝尔认知同化学习理论.（2014－03－06）［2016－06－03］. http：//wenku. baidu. com/view/1278a6317fd5360ccb1adb1c. html.

［3］高中地理教学中渗透乡土地理案例教学的实践与研究.（2010－08－20）［2016－06－03］. http：//www. docin. com/p－72523054. html.

［4］徐春发. 高中地理新教材与案例教学.（2011－06－09）［2016－06－03］. http：//www. docin. com/p－222096105. html.

基于新课标下高中物理“理论探究式”教学模式初探

熊锦明

【摘要】探究式教学是指学生在教师指导下运用科学探究的方法进行学习。探究式教学分为两类，一类为“实验探究式”教学模式，另一类为“理论探究式”教学模式。“理论探究式”教学模式对培养学生的科学探究能力，培养学生实事求是的科学态度和敢于创新的探索精神，以及通过科学探究来培养学生的参与意识，关心社会和关心生活的意识，特别对培养学生的逻辑思维能力、抽象思维能力等有着非常积极的作用。

【关键词】“实验探究式”教学模式　“理论探究式”教学模式　科学态度　创新精神　关心社会和关心生活

一、问题提出

新课程标准把“科学探究及物理实验能力要求”“共同必修模块”“选修模块”并列，作为内容标准的三大部分，由此可看出，在高中物理课程中科学探究、物理实验占有非常重要的地位。而新课程标准中对科学探究的基本要素以及高中阶段物理教学中学生科学探究能力目标做了较为清晰、细致的阐述。主要由七个环节构成，分别是提出问题、猜想与假设、制订计划与设计实验、进行实验与搜集证据、分析与论证、评估、交流与合作。在实际教学过程中，教师往往过分地注重“进行实验与搜集证据”这一环节，但进行实验又受到课堂时间的限制，这样就使得探究式的教学流于一种表演的形式，而实际却很少进行。笔者把探究式教学分为两类：一类为“实验探究式”教学模式，另一类为“理论探究式”教学模式。笔者认为，“理论探究式”教学模式对培养学生的科学探究能力，培养学生实事求是的科学态度和敢于创新的探索精神，以及通过科学探究来培养学生的参与意识，关心社会和关心生活的意识，特别对培养学生的逻辑思维能力、抽象思维能力等有着非常积极的作用，并且可操作性强。必须强调，笔者这里探讨的“理论探究式”教学模式并不是否定实验的作用，有很多探究必须通过实验才有意义。

二、理论背景

探究式教学是指在教师的指导下，学生运用科学探究的方法（即学生用以获取知识、领悟科学的思想观念、领悟科学家研究自然界所用的方法而进行的各种活动，包括观察、测量、制作、提出假设、进行实验、提出模型和交流）进行学习，主动获取知识、发展能力的实践活动。

探究式教学目的在于培养学生的创新精神和实践能力，因而知识与能力的获得主要不是依靠教师进行强制性灌输与培养，而是在教师的指导下由学生主动探索、主动思考、亲身体验出来的。探究式教学实质上是将科学领域的探究引入课堂，使学生通过类似科学家的探究过程理解科学概念和科学探究的本质，并培养科学探究能力的一种特殊的教学方法。

我们知道，科学家分为两类：一类为“实验物理学家”，另一类为“理论物理学家”。学生探究能力的提高不可能只通过理解就能实现，学生必须经历探究的过程，而且在这个过程中，学生要有相关的探究行为，这种行为可以是动手的实验行为，也可以是动脑的逻辑思维行为。我们以探究的七个环节中的某一环节为重点进行评估，在一节课中，我们不需要也不可能就每一个环节都进行一次。当我们在某节课上想重点突出“提出问题的能力”时，就让学生去发现、去质疑，去对问题进行抽象和概括；想突出“猜想与假设的能力”时，就让学生去假定、去解释；想突出“制订计划与设计实验的能力”时，就让学生去优选实验方法、去选择实验器材、去分析和控制变量等；想突出“评估能力”时，就让学生去反思、发现新问题、改进探究方案；想突出“交流与合作能力”时，就让学生去构思表达的内容结构、去即兴表达、去倾听交流和评估交流。在教学过程中让学生质疑、假定、解释，在解答物理问题时引导学生自己进行因果分析、变量分析、数据处理、归纳结论。以上这些行为都是理论层面的。在此，笔者更强调思维的过程而不是操作的过程。

三、案例分析

在教完“飞向太空”一节后，笔者设计了这样一个物理情景让学生进行探究。

展示物理情景：英国某媒体推测，在2020年之前人类有望登上火星，而登上火星的第一人很可能是中国人，假如你和你的同学有幸成为人类登陆火星的第一人，乘坐我国自行研制的代表世界领先水平的神舟×号宇宙飞船，通过近半年的长途旅行终于目睹了美丽的火星。为了熟悉火星的环境，你靠近火星的表面绕它飞行了 n 圈，测得所用的时间为 t。地面指挥中心充分研究了你发回的照片及数据后，决定让你尝试登陆。凭着飞船上尖端的仪器设备和地面指挥中心精确的指令，飞船在火星上顺利登陆，你无比兴奋地向火星踏上了坚实的一步，成为全人类的骄傲。

假设飞船上携带了下列器材：

A. 钩码一盒，质量未知且各钩码质量不等；B. 重锤一个，质量未知；C. 带孔金属小球一个；D. 太阳能电池板一块，输出直流电压可满足任何要求；E. 无弹性丝线若干根；F. 导线、开关若干；G. 刻度尺一把；H. 测力计一个；I. 天平一台（含砝码一盒）；J. 打点计时器一台（含复写纸片、纸带）；K. 电子秒表一个；L. 带有光控计时器的实验平板一块，在平板两端各有一个光控门，同时还配有其专用的直流电源、导线、开关、重锤线、滑块，该器材可用来测量物体从一个光控门运动到另一个光控门的时间；M. 支架：能满足实验所需的固定作用；N. 速度发射器（带发射小球），能测出速度大小的值。

探究课题1：飞船绕火星做匀速圆周运动时，你能否测量物体的质量？

由于飞船绕火星做匀速圆周运动时处于完全失重状态，物体对支持面无压力，在这种环境中已无法用天平称量物体的质量。但可间接测量物体的质量。

参考方案1：按如图1所示装置好器材，给待测物体一个速度，使之在桌面做匀速圆周运动。由于无压力，桌面给物体的摩擦力可忽略不计。实验中需要测量的物理量是测力计的示数 F、小球做匀速圆周运动的周期 T 及半径 R。测质量的表达式为 $m=\dfrac{FT^2}{4\pi^2R}$。

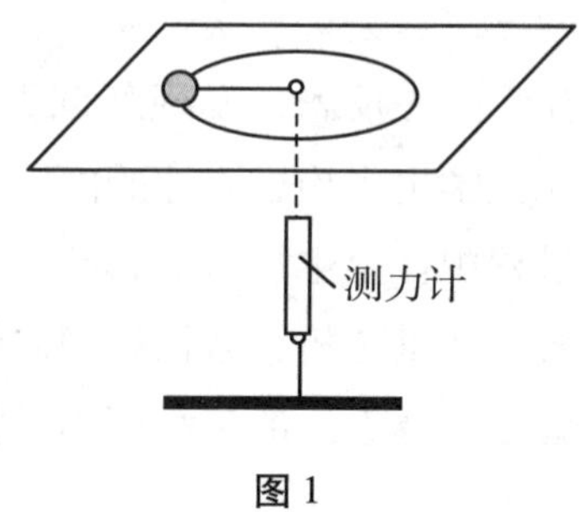

图1

参考方案2：按如图2所示装置好器材，使小球沿水平方向做匀加速直线运动。需测量测力计的示数 F、小球运动的位移 s 及所用的时间 t。表达式为：$m = \frac{Ft^2}{2s}$。

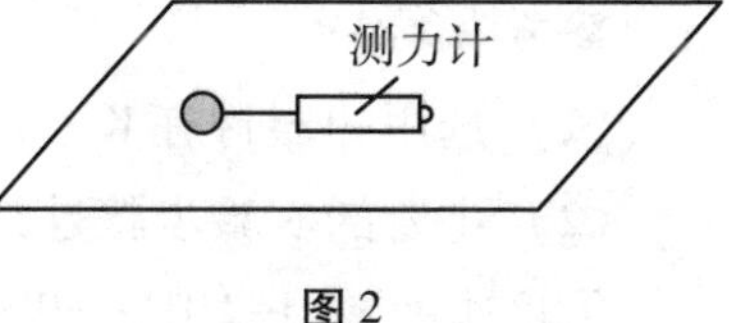

图 2

探究课题 2：到达火星后，请你从以上器材中选择各自所需的器材（同一器材可以重复选用），用不同的方法独立地测量重力加速度 g_x 的值。现在请你完成实验。

参考方案 1：

（1）选用的器材有 A、H、I。

（2）主要的实验步骤是：

①选取一个合适的钩码，用天平测出质量 m；

②用测力计测出该钩码的重力 F。

（3）计算重力加速度的表达式为 $g_x = \frac{F}{m}$。

参考方案 2：

（1）选用的器材有 C、E、G、K、M。

（2）主要的实验步骤是：

①将丝线穿过小球，并系于支架上组装好单摆；

②用刻度尺测出从悬点到小球顶部的丝线长度 l；

③测出 n 次全振动的时间 t，算出周期 $T = \frac{t}{n}$。

（3）计算重力加速度的表达式：

由 $T = 2\pi\sqrt{\frac{l + \frac{d}{2}}{t^2}}$，而 $T = \frac{t}{n}$ 得 $g_x = \frac{4\pi^2 n^2\left(l + \frac{d}{2}\right)}{t^2}$。

参考方案 3：

（1）选用的器材有 G、L、M。

（2）主要的实验步骤是：

①将带有光控计时器的实验平板用支架竖直架稳；

②用刻度尺测量两个光控门之间的距离 s；

③把滑块从上面的一个光控门处自由释放，读出滑块在两个光控门之间的下落时间 t。

（3）计算重力加速度的表达式：

由 $s = \frac{1}{2}gt^2$ 得 $g_x = \frac{2s}{t^2}$。

参考方案4：

（1）选用的器材有K、M、N。

（2）主要的实验步骤是：

①将速度发射器用支架竖直架稳；

②调节适当的速度v_0让小球做竖直上抛运动；

③用电子秒表记下小球从发射到落回到抛出点所用的时间t。

（3）计算重力加速度的表达式为$g_x = \frac{2v_0}{t}$。

参考方案5：

（1）选用的器材有G、M、N。

（2）主要的实验步骤是：

①将速度发射器用支架水平架稳；

②调节适当的速度v_0让小球做平抛运动；

③用刻度尺测量出平抛运动的竖直高度y和水平距离x。

（3）计算重力加速度的表达式：

由$\begin{cases} y = \frac{1}{2}g_x t^2 \\ x = v_0 t \end{cases}$得$g_x = \frac{2y{v_0}^2}{x^2}$。

探究课题3：除此之外，你想获取哪些信息？根据所学的物理知识，你能计算出有关火星的哪些参数？

参考方案：火星上是否有水？火星上是否有生命？火星上是否有植物？火星上的天空是什么颜色？

由题目条件和上面实验测量得出：飞船绕火星运动的周期为$T = \frac{t}{n}$，火星表面的重力加速度为$g_x = \frac{F}{m}$，由万有引力提供向心力，有$G\frac{Mm}{R^2} = m\frac{4\pi^2}{T^2}R = mg_x$，

可计算得火星的半径$R = \frac{FT^2}{4\pi^2 m}$；

火星的质量$M = \frac{F^3T^4}{16G\pi^4m^3}$；

火星的平均密度$\rho = \frac{3\pi}{GT^2}$；

火星表面的第一宇宙速度$v = \frac{FT}{2\pi m}$。

参考文献

[1] 物理课程标准研制组. 普通高中物理课程标准（实验）解读. 武汉：湖北教育出版社，2004.

[2] 陈刚. 高中物理新课程理念与实施. 海口：海南出版社，2004.

浅谈初中物理习题课教学策略

王万军

【摘要】本文介绍初中物理习题课的教学从基础知识着手，精选习题，进行优化组合，以培养学生良好的解题习惯和良好的思维习惯为目标，以“精编习题”“一题多解”“一题多变”为主要方法与教学策略，提高学生的思维素质，提高习题课堂的效益与质量，探讨把学生从题海中解放出来的教学方法及体会。

【关键词】培养良好习惯　精编习题　指点　引路

在物理教学中，习题课是必不可少的一种课型，它贯穿于整个物理教学的始终。本文谈谈笔者在习题课教学中采用的教学方法及体会。

一、培养学生规范的解题习惯

物理教学始终以培养学生分析解决问题的能力为主要任务，学生在运用物理规律、原理、公式等解决分析问题时要有方法和技巧，不能“眉毛胡子一把抓”，而应理清思路，分步解答，让人一目了然，体现答题要领与正确的解题步骤。笔者在初中物理作图题教学中，向学生渗透了一些作图方法与技巧，如光路图中的“光线方向要标明，线段虚实要分明，角的大小有比较，相交垂直有显示”。学生做题后对照四句口诀进行检查，培养学生良好的作图习惯。在学生做根据实物电路画电路图题目时，笔者要求学生按照此方法去完成：横平竖直呈方形，元件不安拐角处，元件连接不留空，相交相连要打点，元件安放要均匀，干路支路要理清。

在计算题解答方面，要求学生解答计算题时每一步计算将公式导入，把相应的物理量代入公式中，同一个物理量在同一道计算题中有不同的大小时应用脚标进行区分，中间过程有必要的文字说明。教师在初二物理的电学计算教学时，先做好示范，然后让学生独立完成相关计算题，最后学生展示学习成果，并进行相关点评，通过这样的训练，培养学生良好的解题习惯及解题技能。

二、培养学生正确的答题思路

对初中学生来说，解释物理现象和得出正确的物理规律是难点，由于学生的认知能力有待提高，对物理现象解答仍很难给出一个完整、正确的答案，教师对于问答题步骤必须格式化或具体化，如解释惯性现象时，笔者要求学生按照以下步骤回答问题：①现象分析（确定被研究对象）；②分析现象涉及的相关物理规律、原理；③分析推理；④得出结论。几乎所有的问答题都可以按照此模式回答。

初中物理教学中涉及很多实验探究，实验探究也能培养学生运用科学探究问题的方法，很多初中物理实验中渗透了控制变量法，在探究影响一个量与其中一个因素是否有关时，只改变这个因素，其他因素不变，观察这个量是否发生变化？如何变化？我们根据所观察到的现象得出结论，在培养学生的实验探究能力的同时，也要注意培养学生收集信息、整理信息、获取信息的能力，这是物理课堂教学目标，其结论具体模式一般是：当……一定时，……增大（或减小）。初中物理好多实验结论都可以这样得出，如探究压力作用效果与受力面积和压力的大小关系，探究摩擦力的大小与接触面粗糙程度和压力的大小关系，探究影响液体内部压强大小因素等。

三、培养学生运用知识解决问题的能力

1. 精编习题，甄别知识，巧妙运用

在掌握物理定律和公式的基础上，进一步提高学生思维和解题能力是习题课的核心任务。要达到这个目的，教师对习题的选择是关键。在学习电功率这节后，涉及许多公式及公式的演变，如何让学生能熟练掌握公式，运用公式分析解决问题是教学中的一个难点，笔者在编写练习时是这样设想的：首先编两道运用公式一步计算的，一道是运用 $P=W/t$，另一道是运用 $P=UI$，不需要变单位，直接把量代入里面就可计算出结果；第三道电能的单位是 kWh，而时间的单位是 min，需要把时间单位变成 h，计算结果的单位是 kW；第四道要求学生求消耗电

能，一方面要求学生学会公式的演变，另一方面要求学生统一单位。通过这样的递进式的练习设计，学生在练习中知道单位要对应一致，而且能熟练运用公式。

2. 注意理论和实际相结合，激发学习兴趣

理论联系实际是激发学生学习兴趣、启迪学习动机、活跃课堂气氛的一种重要方法。在日常生活中，有许多物理现象是趣味性习题的好素材。例如，在运用速度公式解题时，笔者编了这样一道题：上午7:35早读课，老师家到校的距离是3 km，如果骑车的平均速度是5 m/s，问老师7:30从家出发会迟到吗？学生解题后发现老师迟到了。笔者接着提出如果要不迟到必须在什么时刻前出发。这样编排的习题不但容易激发学生学习兴趣，而且指导学生把理论运用于实际，使学生感觉到物理就在身边。

3. 注意一题多解

“一题多解”是指通过不同的思维途径扩展学生思路，采用多种解题方法解决同一个实际问题的教学方法。它有利于培养学生的辩证思维能力，加深对概念、规律的理解和应用，提高学生的应变能力，启迪学生的发散性思维。例如，在密度应用练习中，笔者选用这样一道题：实验室需要购买4 kg酒精，用容积为4.5 L的容器够装吗？先让学生解答，结果发现绝大多数学生用求4 kg酒精体积的方法来判断。为了起到一题多解的作用，笔者进而启发学生从“4.5 L的容器能装多少千克的酒精”和“4 kg的某种液体体积为4.5 L，那么这种液体的密度是多少”等思路引申扩散思考。通过练习，促进知识迁移，并达到举一反三、触类旁通的效果。

4. 注意一题多变，诱导学生思路

习题课中的“一题多变”是指从多角度、多方位对例题进行变化，引出一系列与本例题相关的题目，形成多变导向，通过对比、辨析，学生更能认清事物的本质，进一步强化巩固所学知识，加深对知识的理解。例如，在让学生分析动态电路、基本电路（测电阻的电路）时，先让学生分析当滑动变阻器向左或向右移动时，电压表和电流表的示数如何变化？接着把原题改成如果电压表与滑动变阻器并联时，电流表与电压表的示数如何变化？如果电阻与滑动变阻器并联，电流表在干路中，电压表与两个电阻并联，则电流表与电压表又如何变化？通过这种“一题多变”的习题探讨，开拓学生思路。

又如在学习“浮力”这一章时，学生对阿基米德原理的应用和物体的浮沉条件的应用容易混淆，笔者出了类似的一组题：体积相同的铁块、铝块浸没在水中，它们所受的浮力大小比较；体积相同的木块与铁块放入水中静止后所受浮力大小比较；体积相同的铁块、铝块放在水银中受到的浮力大小比较。通过以上三种情况的比较让学生真正能知道知识间的联系与区别，促进学生更快更好地理解问题的本质，提高分析和解决问题的能力。

四、发挥教师的主导作用

在物理习题课教学中，学生在教师的引导下动脑、动笔或动口解答物理问题。大部分时间是学生活动，而教师的主导作用主要表现在指点、引路两个方面：①学生在解题过程中，由于对物理知识理解不透，往往会出现生搬硬套的现象。这时教师应抓住时机，找准症结，予以指点。例如，学生在学过二力平衡后，笔者让学生讨论：“起重机将重为 G N 的物体匀速提起、静止空中、匀速下降，这三种情况下起重机对物体的拉力分别为多少？”大多数学生总认为匀速上升时拉力大于重力，匀速下降时拉力小于重力，这就说明学生被日常生活的表象迷惑，并可能认为力是维持物体运动的原因，找到症结后，教师提出“如果物体受平衡力作用，它将如何运动”，从而解开这个教学难点，使学生对概念有了进一步认识，让学生知道在分析力的大小时，应先判断物体的运动状态，再确定力的大小。②对于难度较大的综合题，教师应采用降低梯度、分设疑点的方法，突出解题思路，把学生引上正确轨道。例如，学生在做“用一动滑轮把重为 100 N 的物体提到 9 m 高的楼台上，所用的力是 60 N，那么动滑轮的机械效率是多少”时，由于刚学到机械效率的知识，很多学生无法解题，笔者便采用“分解肢体，化难为易”的方法。教师在课堂上提示学生着重解决以下两个问题：动滑轮做的有用功指的是哪一部分功？额外功指的是哪一部分功，分别如何求？由于分层降低难度，学生在教师搭桥和引路下，顺利实现认识的飞跃。

总之，习题课的教学不仅要体现教师为主导、学生为主体的师生关系，还应最大限度地调动发挥学生的内在因素和积极性，全面提高思维素质。

模型方法在生物教学实践中的运用

何红梅

【摘要】高中生物课程标准将模型方法列为科学过程方法技能的一个方面，要求学生不仅对生物模型的分类有一定了解，还要初步学会构建一些基本的模型。本文以教学中的具体实践为例，阐述了如何利用模型方法，优化教学过程和手段，加强模型方法教育，培养建模能力。

【关键词】模型方法 生物模型 生物学教学

《普通高中生物课程标准（实验）》中明确指出："了解建立模型等科学方法及其在科学研究中的作用，培养学生的建模思维和建模能力，获得生物学的基本事实、概念、原理、规律和模型等方面的基础知识。"可见模型方法在标准中被提到较高的高度，被认为是将来学生从事科学研究的必备能力。因此，在日常生物学教学过程中，我们要利用模型方法，精心选择教学策略，优化教学过程和手段，加强模型方法教育和培养建模能力。

一、模型方法的概念和模型的分类

模型方法是以研究模型来揭示原型的形态、特征和本质的方法，是逻辑方法的一种特有形式。模型舍去了原型的一些次要的细节、非本质的联系，以简化和理想化的形式去再现原型的各种复杂结构、功能和联系，是连接理论和应用的桥梁。

模型一般可分为物理模型和数学模型两大类，通常说的模型即指物理模型。物理模型是指以实物或图画形式直观地表达认识对象的模型，如真核细胞的三维结构模型、生物膜结构模型、精子或卵细胞形成过程模型等；数学模型是指用来描述一个系统或它的性质的数学形式，如减数分裂中染色体和 DNA 数目变化模型等。

二、运用模型方法培养学生能力

1. 从模型选材中培养学生的科学探究能力

人教版《生物·必修 1》中“细胞的增殖”模型建构活动“建立有丝分裂中染色体行为变化的模型”，利用橡皮泥等材料分组模拟有丝分裂的过程。在生物教学过程中发现，利用橡皮泥不能很好地体现由间期的染色质到前期的染色体和由后期的染色体再回到末期的染色质的变化过程。因此，在学生制作模型的过程中，鼓励学生跳出橡皮泥的思维局限，结合模型选材的科学性、可塑性、直观性、安全性等方面引导学生从日常生活中发现更能体现这样变化过程的材料。

学生刚开始会想到利用吸管、毛线、铁丝、电线或包装扎线等材料，但在制作的过程中发现，利用吸管不能很好地体现染色质高度螺旋化的过程，毛线的缠绕定型比较麻烦，铁丝的安全性和电线的可塑性较差等原因，最终选择了常用的包装扎线，它有很强的可塑性，外面包裹着塑料，安全性高，使学生在螺旋制作染色体的过程中，更深刻地理解染色体与染色质概念间的区别和联系，也可以使学生深刻地理解染色体、染色单体、DNA 在有丝分裂中的行为变化和数目变化的过程，为学习“减数分裂”打下良好的基础。同样，在学习“减数分裂”过程中，也可以用包装扎线制作染色体，使学生构建清晰的染色体行为变化过程，为遗传规律、可遗传变异的学习打下基础。这有利于培养学生透过现象揭示本质的洞察能力及简约、严密的思维品质，有助于培养学生的科学探究能力。

2. 模型方法更能培养学生的合作意识

在学习人教版《生物·必修 2》“DNA 的空间结构”中，学生非常容易混淆碱基、核苷酸和核酸的概念。传统的 DNA 空间模型是两条相互盘旋的脱氧核苷酸链通过氢键连接而成的。这种模型呈现在学生面前，虽然比较直观，但总给人一种眼花缭乱的感觉。如何让学生准确、顺利地掌握这部分内容？笔者在此处的教学中采用小组合作学习的教学组织形式，以四人小组共同完成 DNA 安插模型的建立，收到了良好的教学效果。

在教学过程中，首先让学生自主学习，然后合作完成 DNA 模型的构建，在构建的过程中，学生可以很清楚地了解到脱氧核苷酸的结构组成和种类，最后把小组内每位同学制作的脱氧核苷酸连接成一条脱氧核苷酸链。通过学习，学生已经了解 DNA 是双链，当同学们准备随意构建另一条脱氧核苷酸链时，由于碱基对不能配对嵌入，从而及时提出碱基互补配对原则，学生很容易接受和记忆，接下来的问题就会迎刃而解了。

结合模型方法采用合作学习的形式，有力地挑战了教师“一言堂”的专制，同时在课堂上给了学生自主、合作的机会，培养了学生团体的合作和竞争意识，发展了学生交往与审美的能力，从而可以提高学生的学习水平。

3. 利用对模型的展示和讲解，培养学生的语言组织能力

“语言组织能力”就是指在回答问题时，能够准确、科学地运用相关学科的概念、原理，科学地组织好语言，规范地对所问的问题做出书面表达的能力。在“文字表述类”非选择题的解答就需要“语言组织”，它还是一种人际交往的社会能力，是一个人综合素质的重要组成部分，可见它的重要性。教师可以很好地把这种能力训练放在模型方法教学当中来。

例如，人教版《生物·必修1》中“细胞的结构”模型建构活动“建立真核细胞三维结构模型”。这个模型的制作需要学生以小组合作的形式在课后完成，并在课堂上进行展示、讲解、汇报及讨论。在课堂上由每个小组的发言人上台展示并讲解本模型的设计方案，如制作的对象是动物细胞还是植物细胞，包含哪些相应的结构等，以及材料的选择情况。当有一个小组的发言人在介绍本组模型采用乒乓球来制作细胞核时，台下某位同学马上提出质疑，用乒乓球来制作细胞核，不能很好地体现细胞核的结构特点。笔者乘胜追击地问道：“同学们觉得哪里不合理呢?”同学们踊跃地表达了意见：由于细胞核含有内外膜结构，并且膜的表面有核孔，而乒乓球只有一层结构，不适合用于模拟细胞核的结构。在讨论和相互评价的过程中，很好地培养了学生的语言组织能力、评价的能力，还有质疑的能力。

三、模型方法在教学中的反思

1. 对教师提出更高的教学水平要求

围绕模型方法组织教学，需要给学生留有足够的时间去探究学习，这就要求教师的讲授过程简明扼要，通俗易懂，耗时短而成效显著，从而要求教师的表达能力达到一个新的水平。同时，在学生活动的过程中，教师要明确活动时间和在有限的时间内应该完成的任务。这样的处理，学生目的明确，从而提高了课堂教学效率，同时也对教师的教学设计能力提出了更高的要求。

2. 需要加入适当的评价手段

在学生构建模型的教学活动中，为探究如何最大化地调动学生的积极性，笔者在教学过程中尝试加入评价机制，如下面的"模型制作评价表"，或者评选"最佳作品""最有创意奖""最佳发言人"等作为激励和促进手段，让学生在活动中体验学习的快乐和荣誉。

<table>
<tr><td colspan="2">班级：</td><td>姓名：</td><td colspan="2">学号：</td><td>组别：</td></tr>
<tr><td></td><td colspan="2">材料准备情况</td><td>参与积极性</td><td>对小组贡献</td><td>课堂表现</td></tr>
<tr><td>好</td><td colspan="2"></td><td></td><td></td><td></td></tr>
<tr><td>一般</td><td colspan="2"></td><td></td><td></td><td></td></tr>
<tr><td>有待改进</td><td colspan="2"></td><td></td><td></td><td></td></tr>
<tr><td colspan="2">自我评价：</td><td colspan="2">小组评价：</td><td colspan="2">教师评价：</td></tr>
<tr><td colspan="6">评价等级分为：A、B、C、D</td></tr>
</table>

3. 模型方法还可运用到其他的课型中

新授课中，学生刚接触生物学某一方面的知识，就会面临尽快记住大量概念、理解概念间的内在关系等诸多困难。出示模型既体现了生物学学科特点，同时可以帮助学生认识事物原貌，有助于学生记忆、整理、理解和运用所学知识，毕竟"形象大于思维"。除此以外，模型方法也可以运用到其他的课型中，如习题课中，可帮助学生学会运用熟悉的模型去解题，或根据题干所提供的条件主动构建模型解题；复习课中，根据事物的本质特征及内在联系，构建一些抽象模型有助于理解生物知识间的联系，达到融会贯通、牵一发而动全身的效果。模型有助于学生真正理解概念的实质，将相关知识点有机地联系起来，实现对相关知识全方位、多角度的认识。

4. 教师教育理念的更新

在课堂上由学生构建模型，耗费的时间比较多，再加上展示、讲解、评价和讨论等活动，时间会显得更加紧迫。如何让学生真正成为学习的主体，如何真的把课堂还给学生，教师在这个方面较难把握。教师的传统观念是知识一定要自己讲了才放心，不相信学生能力，害怕教学效率低、教学效果不好，教学观念里还是关注教学、关注知识、关注结果更多。在这种情况下，就会容易出现学生模型展示少、学生提出质疑并讨论的环节不充分的问题，从而不能真正培养学生的自主学习和探究能力，不能达到预期效果。这就要求教师重新认识教育理念中教师的主导地位和学生的主体作用的关系，学生应是教学活动的中心，教师、教材、教学手段都应为学生的“学”服务。教师应引导学生积极参与到教学活动中去，并充当教学活动的主角，给予学生充分的信任，在关键的时刻给予适当的指导和点拨。切记“任何高明的教师，都不能替代学生学习”。

总之，生物学是研究生命现象和生命活动规律的一门科学。因此用模型来描述生命现象，有助于学生从总体上去认识生命的原貌，把握生命的本质特征。用建模的办法来反映生命活动的规律，则其规律更容易被学生接受，从而起到事半功倍的效果。因此，生物学课堂教学中应突出生物学科的特色，课堂中多出示模型来解释生物学事实，多运用模型方法解决有关生物学问题，从而提高课堂效率，发展学生思维，提高学生能力。

参考文献

[1] 中华人民共和国教育部. 普通高中生物课程标准（实验）. 北京：人民教育出版社，2003.

[2] 于梅. 在新课标实施中切实加强模型方法的教育. 中学生物教学，2007 (3).

[3] 施问华. 生物模型的分类特点及构建方法. 中学生物学，2007 (7).

[4] 余自强. 生物学教育中的模型和模型方法. 生物学教学，2004 (4).

“发现—评价”生物实验教学模式的研究

刘惠琼

【摘要】生物实验课是培养学生生物科学素养的一个最佳平台，教学活动的主体是学生，教师是协助者。学生在实验课中会遇到许多实际问题，需要通过小组的合作与探究，最终选择恰当的解决方法得到正确的结论。“发现—评价”教学模式是将发现法运用于生物实验教学中，充分调动学生参与学习的主体性；实验过程渗透发展性学生学习评价，促进学生主体的全面发展，从而达成教学目标。

【关键词】发现　评价　生物实验

一、理论依据

1. 发现学习的理论

发现法的提倡者是美国的布鲁纳。发现法又称解决问题法，它是以青少年的心理特征为依据，引导学生围绕一定的问题，根据教师和教材所提供的材料，让他们自己去发现问题、分析问题和解决问题。其着眼点不仅在于帮助学生深刻地掌握知识，而且在于通过学生展示论证的思维过程，体验发现的乐趣，帮助学生形成积极探索的精神，培养创新思维方法和科学精神。

2. 发展性学生评价的理论

《基础教育课程改革纲要（试行）》的评价理念是：“建立促进学生全面发展的评价体系，评价不仅关注学生的学业成绩，而且要发现和发展学生多方面的潜能，了解学生发展中的需要，帮助学生认识自我，建立自信。”现代教学论和评价论认为，有效的课堂教学其实是在一步步或明或隐、或大或小的评价活动基础上展开的。开展以学生为中心的课堂教学评价是促进学生发展、提高课堂教学质量的有效措施和保障机制。

二、“发现—评价”教学模式实施的策略

1. 创设教学情境策略

教学过程中创设适当的教学情境，可以提高学生的学习积极性，这一点在教学实践中得到了有力的证明。在适宜的情境下，引导学生进行探索、发现生命科学中的某些规律和现象，课堂气氛活跃，学生的参与度较高，体现了学生为主的课改精神。

创设问题情景的途径有多种，总之是利用学生的直接经验或间接经验。问题情景就存在于学生的活动过程中，有时不需要老师刻意创设。

2. 小组合作学习策略

合作学习策略是以学习小组为教学活动的基本单位，通过小组内成员的分工协作去达成小组共同目标，并以小组活动的整体效果为教学评价的主要指标的教学策略。

生物实验课向来都是分小组进行的，为了实现有效的合作学习，按照“组内异质、组间同质”的原则，将学生组成学习小组，每个小组四人。每组的成员在性别、兴趣、能力、学习成绩等主要方面合理搭配，保证组内各成员之间的差异性和互补性，以及小组之间合理竞争的公平性。

3. 互动评价策略

实验教学的评价方式，是在新课程标准的理念指导下，以培养学生具有终身学习能力为宗旨而进行的评价。学生不再被动地接受教师评价的结论，而在评价过程中了解自身发展中的需求，认识自我，建立自信，进而认同评价，发现和发展多方面的潜能，让学生认识学习的责任。实验教学过程是以小组进行的，采用了以小组为单位的设计、操作和全程互动、即时评价的方式。

三、具体教学程序

创设问题情境，提出问题→质疑、探究、明确发现的目标，设计解决问题的方案→解决问题、互动评价→归纳总结。

四、应用实例

课例：探究影响酶活性的条件。

1．创设情境，提出问题

在完成酶的概念以及酶具有高效性和专一性特点的教学后，教师提出问题：①为什么人感冒发烧时，食欲会下降呢？②胃中的胃蛋白酶随着食物进入小肠，能否继续分解蛋白质？为什么？学生围绕这些问题展开讨论，结合刚学习的酶的有关知识及化学知识提出各种假设，通过小组讨论交流达成共识：温度、pH 是影响酶活性的重要因素。

2．学生设计实验，提出解决问题的方案

要求学生分组合作设计实验，探究温度、pH 影响酶活性。每个小组由小组长展示实验设计思路并做出说明，同组其他成员适当补充。让其他学生发现其中的问题，并提出质疑，尝试改进实验，最后由教师总结，明确科学的探究步骤：提出问题→作出假设→设计实验→实验探究→实验结果与结论。教师强调实验设计应该注意的原则等，引导学生确定最后的实验设计。

3．解决问题、互动评价

学生在进行实验探究的过程中，有可能在操作步骤或实验结果上发现意外的现象。学生提出的各种问题，老师要求他们自己讨论解决，老师根据解决的情况给予评价。对那些找到好办法的同学，即时点评。

如某组学生为探究 pH 对酶活性的影响，设计了实验：①向三支试管各注入 1 mL稀释唾液淀粉酶溶液，分别编号为 A～C；②分别向 A～C 试管注入 1 mL 蒸馏水、盐酸、氢氧化钠溶液；③各注入 2 mL 可溶性淀粉溶液；④摇匀后将试管置于 37 ℃水中保温 5 min；⑤各滴入 1 滴碘液，观察颜色变化。结果是 A 和 B 试管都不同程度地显蓝色，而 C 试管完全不显色，难道唾液淀粉酶在碱性条件下活性最高？而唾液却是近中性的（唾液淀粉酶的最适 pH 是 6.8）。这是怎么回事？本组学生产生了疑问。面对学生的问题，教师没有直接给出答案，而是提出问题：能否把碘液换成斐林试剂检验实验结果？你们能够自己作出假设吗？有的同学认为可能 NaOH 分解了淀粉；有的同学认为可能 NaOH 破坏了碘液。学生探讨后明白，因为在碱性条件下，碘分子可与 NaOH 发生反应生成 NaI 和 NaIO，碘单质遇淀粉变蓝，I^- 和 IO^- 遇淀粉不变蓝。在探究温度对酶活性的影响时，同样有学生产生疑问：能否把碘液换成斐林试剂作为检测指示剂？

在这种互动的全程评价中，学生能否回答老师的问题并不重要，关键是能通过小组的交流与思考，寻找解决问题的方法。

4. 分析实验结果，归纳总结

课堂结束前5~10分钟，让不同小组将实验过程中发现的问题和结论与其他学生一起分享。学生会从实验步骤、实验用具、实验材料、指示剂等方面提出不同的看法。对于课堂上不能及时解决的问题，可留在课外继续延伸合作探究。

五、体会

本教学模式能体现学生自主、探究、合作的学习方式。这种引导发现的教学方法，有利于提高学生的思辨能力、分析能力、观察能力、合作能力，培养学生的探索精神与科学严谨的态度。但在发现过程中，学生提出的各种设想，往往并非教师课前可以预料得到的。因此，这对教师的备课和知识储备提出了更高的要求。

传统的实验课结束后，教师对学生实验评价通常是查看学生能否完成实验报告册，教师无法评价学生在实验过程中情感态度的变化及观察和分析等能力的发展，学生也无法发现自身潜能及获得有利于自身发展的信息。实验教学过程结合互动过程性评价可弥补不足，互动过程性评价适合实验教学的评价。实验课互动过程性评价表如下。

班级________　　小组成员________________________________

	评价项目	评价情况（A、B、C）
小组自评	实验中遇到的问题	
	解决问题的方案	
	实验设计及操作的创新点	
	实验结果及分析	
	小组合作情况	
教师评价	对实验原理和设计的理解	
	提出、分析、解决实际操作问题的应变能力	
	小组合作情况	
综合评价		

参考文献

[1] 钟启泉，等. 基础教育课程改革纲要（试行）解读. 上海：华东师范大学出版社，2001.

[2] 靳玉乐，宋乃庆，徐仲林. 新教材将会给教师带来什么：谈新教材新功能. 北京：北京大学出版社，2002.

[3] 教育部基础教育司. 全日制义务教育生物课程标准解读. 北京：北京师范大学出版社，2002.

[4] 广州市教育局教研室. 发展性教学评价的原理与方法. 广州：广州市教育局教研室，2003.

[5] 方红峰. 教学评价的理念和技术. 生物学通报，2003（6）.

“教学案一体化”在高中生物有效教学中的思考与实践

庞 清

【摘要】“教学案一体化”可全方位地强化师生间的交流，更好地发挥学生的主体作用，突出学生的自学行为，强化思维活动，有效地提高课堂利用率。本文结合了生物学科的特点，探讨了“教学案一体化”的实施思路和实施效果。

【关键词】高中生物 有效教学 教学案

生物新课程以全面提升学生的科学素养为宗旨，以培养学生的创新精神和实践能力为核心，以促进学生由“被动接受式”转变为“主动探究式”学习为突破口，使其符合学生和社会发展的需求，反映生物科学的最新进程及其在社会生活中的应用价值。随着新课程改革的不断深入实施，提高生物学课堂教学效率已成为现代生物教学的一个重要理念。笔者所在学校近年来实施“教学案一体化”，有效地提高了课堂教学效率，并且不断发展成熟，教学效果逐年提升。笔者就本人近几年来的高中生物教学实践提出几点思考。

一、对“教学案一体化”的认识

“教学案一体化”是指教师将详细教案简约为学生学案，通过教案学案的有机统一和师生的共同探讨，完成设定教学目标和知识结构教学的教学活动程序。从“教案”到“教学案”的转变，其本质是教学重心由教师如何“教”转变为学生如何“学”。教学案编写的首要目的就是为学生服务，让学生知道本节课的学习目标、重难点、课堂活动要求等，使学生的学习更有针对性，并且通过教学案更容易形成知识体系，构建知识框架。同时，教学案的编写也为教师服务，教师在备课时，要把教学目标、教学内容、教学活动等环节精心设计组织，并通过教学案直接体现出来。这样，既简化了教师的教，也简化了学生的学。“教学案一体化”可全方位地强化师生之间的交流，更好地发挥学生的主体作用，突出学生的自学行为，强化思维活动，有效地提高课堂利用率。

二、教学案的实施思路

（一）教学案的编写要适合课堂操作

学生预习主要是教材，这就决定了教学案的编写要符合新课程理念，要与新课标相符合，充分利用教材中的案例和“思考与讨论”“资料分析”“技能训练”等栏目。同时，教师应该确立“用教材教”而不是“教教材”的思想。在“教材—教师—学生”三者中，教师是教材与学生之间的桥梁，教师要用学生的眼光看教材，用学生的认知经验去感知教材，用学生的思维去研究教材，充分考虑学生学习过程中可能遇到的思维问题，编写出适合课堂操作的教学案。

（二）教学案编写要格式化、栏目化

教学案的编写应把认知规律与课堂教学规律有机结合，虽然根据教师教学和学生学习的不同可以有各种各样的特色，但还是要有一定的格式才便于操作和学习。教学案的基本格式为：①课题；②学习目标；③自学指导；④自学检测；⑤学习过程；⑥课堂检测；⑦自我评价与反思；⑧链接高考。如下表所示。

基本格式	内容、形式
课题	本节课的章节和主题，若一个课题有多个课时，则标明第几课时。还可以分模块对学案进行编号，如“必修一学案 1”
学习目标	本课时中的教学要求，要包括“知识技能、过程方法、情感态度价值观”三维目标以及教与学中的难点、重点知识
自学指导	本节课学习内容的知识的自主梳理，主要是基础知识的梳理，也可以补充一些素材，增加学生的知识面。体现先学后教的教学理念。可采用填空、图表的形式
自学检测	对本节课学习的自我检测可采用选择题、填空题的形式

（续上表）

基本格式	内容、形式
学习过程	课堂主干知识的学习，是设疑、解答、分析、归纳的过程，内容包括典例分析、问题讨论、实验操作、规律总结、学法指导等。可以采用概念图、表格、资料分析、问答等形式，甚至可以以留出空白形式出现，让学生记录自己的学习过程
课堂检测	设置与知识点对应的部分习题，难度一般不大，目的是巩固课堂知识，5～10 分钟内能够完成。可以采用选择题、简答题、填空等
自我评价与反思	学生发现自己的闪光点和存在问题，为后续的学习提出思考，也可以将本节课未解决的问题提出来
链接高考	根据学生的情况，可以适当增加高考题或与高考相当的题目，以利于其对知识的巩固和应试能力的提高

教师在编制教学案时，还可依据学生的基础和学习兴趣以及自己的教学风格来对学生学习活动进行具体、科学的设计，把格式中的学习目标、学习过程等设计转化为学生喜闻乐见的栏目。若在各栏目上添加人性化激励性语言，对学生的学习就更有启发性和鼓舞性，教学案编写就更具艺术性。如“欲穷千里目，更上一层楼（超越科学家）—自主探究，黄沙百战穿金甲，不破楼兰终不还—典例分析，纸上得来终觉浅，绝知此事要躬行—课后练习”。

（三）教学案编写的核心是以问题驱动课堂

教育家陶行知先生曾说“创造始于问题”，教学案的编写应能激活学生的问题意识，调动学生学习的主动性和积极性。

1．问题的生成和解决

学习的最终目的是要能够独立自主地解决问题，掌握深层次的知识，这就必须学会提出问题。学生如果在阅读教材进行自学的过程中不能发现书中的疑点，不能提出问题，说明他并没有认真深入地研究教材。因此，编写教学案的时候不要忽略学生问题的生成，在自学指导部分应预留学生提出问题的空间，并且在课堂上要给一定的时间让他们提出问题，然后请其他同学解答补充，从而促进学生的思考与交流，提高学生发现问题和解决问题的能力。

2. 问题要有针对性

这里的针对性有两重含义：一是问题要针对课本每一节内容的重难点，在关键处提问。如在学习“细胞器”一节中线粒体的结构与功能重点时，在引导学生观察的基础上可以提出：线粒体的结构怎样？它的内膜有什么特点？它有什么功能？它的结构与功能是怎样相适应的？为什么成人的心肌细胞的线粒体数量多于腹肌细胞？这样的问题既解决了学生的疑点，又让学生知道了重难点，提高了课堂的有效性。二是问题要针对学生的实际，也就是问题应该源于生活。如在讲“植物为什么向光生长”时，可引用“满园春色关不住，一枝红杏出墙来”。又如，在讲“水盐平衡”时可以提出问题：当人饮水不足或吃过咸的食物时，为什么会感到口渴和排尿量减少？这样就可以自然而然地引起学生的关注，更容易解决重难点问题，并且能够提高学生自主解决生活问题的能力，这是学生终身发展的需要。

3. 问题要有开放性

问题应该具有一定的开放性，这既可以拓宽学生对基础知识间的纵横理解，又有利于培养学生思维的灵活性和提高创新能力。例如，在学习“肺炎双球菌转化实验”内容时，笔者设计下列探究问题：R 型菌转化为 S 型菌，是 R 型菌使被“杀死”的 S 型菌复活了，还是被“杀死”的 S 型菌中存在某种活性物质使得 R 型菌转变成 S 型菌呢？如果是后者，该活性物质又是什么呢？该活性物质又是如何使 R 型菌转化为 S 型菌的呢？这样的开放性问题对于学生来说有趣多了。问题的设置应该具有一定的层次性，除了要有一些记忆型和理解型的问题外，还应设置一些应用型的问题。例如在学习“光合作用”时，笔者提出：根据光合作用过程的图解，总结出影响光合作用的外界因素有哪些，并说明这些因素是如何影响光合作用的。这样的问题给学生提供了独立思考的空间，能够运用所学知识解决实际应用问题。

（四）教学案的编写应注重题例的精选

教学案的题例决定着学习的质量。如自学检测要考虑选什么样的题才能全面准确地检测自学情况，课堂检测选什么样的题才能体现出基本知识与基本技能；还有拓展提升部分，要选新颖的题型、灵活变化性的题型、生活性的题型，才真正具有拓展性。题例的设置要有一定的层次性，并且让学生懂得可以从教学案的栏目上体现，如“巩固教材—稳扎稳打，重难突破—重拳出击，巩固提高—登峰揽月，课外拓展—超越自我”。

三、教学案的实施效果

（一）教学案可以有效地指导学生预习

课前预习也就是要求学生自学，学生不去预习在很大程度上是因为不懂得预习，不知道从何学起。因为教学案的提前发放，教学案中“自学指导”部分能够充分引导学生“先学”。这种“先学”不是那种漫无目的的学，学生要根据教学案中的学习目标、导学问题、学习方法，采用自己的方式自主学习教材。学生在教学案导学的引领下单独自学教材，独立学习、独立思考，尝试用自己已有的知识去“同化”教材知识，通过“自奋其力”达到“自致其知”。这一过程属于思维的最佳状态，会激发学生在静思中根据教学案中导学问题或实验器材，自己动手动脑获取知识，发现问题，这为学生以后的发展打下了良好的基础，是实施素质教育有力的保障。

（二）教学案可以有效地指导教师授课

教师在课堂上应该做到“三讲三不讲”，“讲重难点、讲易错点、讲易混点；学生会了的不讲，学生自己能会的不讲，讲了也不会的不讲”。这就要求教师对学生要有全面而准确的了解，知道学生哪些知识点自己能学会，哪些知识点容易错。所以，教师要对学生预习情况认真检查并记录下来，这一方面可以促使学生完成学案，另一方面可以深入了解学生预习达到的程度和存在的问题，更好地把握讲课的方向和重点，有效地指导教师课堂授课。

（三）教学案可以有效地指导学生听讲和夯实基础

在使用教学案导学过程中，教师要善于让学生将学习目标变成自我学习计划，督促学生以学习目标作为导向，让学生学会调节、监督和控制自己的学习活动与学习过程，引导学生反思评价自己的学习过程。最后，结合评价反思和课堂检测题，引导学生总结学习任务完成的情况，有效地指导学生听讲。同时通过教学案不同形式的知识梳理，增加了学生动笔动脑的时间，很好地解决了学生“前学后忘”的问题，又优化了知识结构。学生只有具备扎实的基础知识，才能利用所学的知识来解决问题，提高各种能力。

（四）教学案的实施有利于提升教师能力

教师必须根据教材精选材料，优选适合的教学策略，及时获取反馈信息并筛选，从而选择最适合的教学方案，优化教学手段。在同一个备课组里，教学案一般是统一的，但教师应在集体备课的基础上进行二次备课，即根据自己本班学生的情况和自己的教学特点将教学案的内容加以个人创造，灵活使用教学手段。特别是新教师，这样就可以站在集体的肩膀上，看得更远，做得更实在。因此，在教学案的实施过程中，这就有利于教师专业素养和能力的提高，促进教师的成长。

教学案作为学生的学与教师的教之间的中介，可以有效地改进教学过程中的师生互动模式，引导学生正确地确立学习目标和适合自己的学习策略，并能最终提高学习效率和教学效果。笔者所在学校这几年来实施了“教学案一体化”模式，教学效果逐年提升，虽然生源不是同组学校中最好的，但在高考或一些重要的考试中，成绩往往排在同组的第一，甚至超过上一组的多数学校。可见，只要教师合理地应用“教学案一体化”，使之更好地为课堂服务，将目标定位在“有效地提高课堂质量”上，定能发挥“教学案一体化”的最大功效。

参考文献

[1] 中华人民共和国教育部. 普通高中生物课程标准（实验）. 北京：人民教育出版社，2003.

[2] 夏建平. 教学案一体化的理念与实施. 上海教育科研，2011（4）.

[3] 林祖荣. 对高中生物课堂教学有效性的几点思考. 中小学教材教学，2006（8）.

[4] 苏科庚. 用教材不是教教材. 中学生物教学，2007（3）.

多感官认知教学策略在生物教学中的运用

郑思东

【摘要】 生物学科具有实验性、实践性和实用性的特点。多感官认知教学能够结合不同内容开展形式多样的教学，体现出生物学科教学的特点。本文简述了多感官认知教学策略运作在生物教学中运用的方法、过程和原则。方法包括视觉刺激法、听觉刺激法、动觉体验法、触觉实践法和互动沟通法；过程包括循序渐进的认知教学过程、多器官互为补充的认知教学过程、多器官相互协调配合的认知教学过程；原则包括从感性到理性原则、感官体验与教学内容相适应原则和多感官教学与多元评价相结合原则。

【关键词】 多感官认知教学　教学策略　生物教学

生物学科是以生物科学为背景，以适应教学对象发展以及社会生物理论学习要求而设置的生物科学内容。生物学科属性主要体现在实验性、实践性及实用性上，三者是以生物学科的理论性为基础的。生物学科的实验性要求教学需要加强实验操作，如细胞实验、细菌实验等，这些生物理论知识只有建立在实验的基础上才能让学生得到直观的了解与学习；生物学科的实践性要求教学需要加强实践教学，如生物标本的制作、野外考察等；生物学科的实用性要求教学能够运用于解决一些日常生活中的生物问题，包括植物激素在农业生产中的运用等。

有研究发现，学习者的感知通道是没有太大差异的，从多个渠道输入信息，刺激学生多种感官来优化教学，可以获得良好的教学效果。多感官认知教学能够体现出生物学科教学的特点，结合不同内容开展形式多样的教学，能够提升实验性、实践性与实用性。有的老师已经尝试在生物教学中的某一节课的设计中运用多感官刺激的方法。本文拟站在生物学科特点的角度，系统阐述多感官教学策略在生物教学中运用的方法、过程及原则。

一、生物教学中多感官认知教学策略运作的方法

生物教学中多感官教学方法，主要是通过多种感觉器官互动的方式开展生物教学。教师要充分调动起学生的积极性，让学生充分发挥这些器官的能动性，积极参与到生物课堂中去。

1．生物教学中的视觉刺激法

教师可以借助黑板、模型、图片及电子白板等现代可视化的介质开展生物教学，让学生通过这些介质可以非常直观地看到教师所要讲授的生物学知识。例如在讲解“花的结构”时，教师可以利用 PPT 呈现出桃花的剖面模式图或者利用挂图、板画、模型的方式开展教学。在这种生物教学方式的引导下，学生只需要用眼睛认真去观察，就能够很快理解花冠、花萼、花托、雄蕊、雌蕊等结构及其在植物繁殖过程中所起的不同作用。此外，教师可以在讲解的同时，有针对性地设置一些问题，让学生通过观察然后分别回答问题，或在教师的指导下，结合相关的教学模型等快速地指出花的重要结构，以此培养学生的观察能力。

2．生物教学中的听觉刺激法

在生物教学中，利用耳朵听的方式是最常见的教学方式。无论是教师在讲台讲解学生在下面听课的传统课堂，基于互联网的慕课教学，还是基于移动终端的微课学习，都是最基础的主要利用听觉器官开展教学的方式。此外，对于一些生物知识的理解和掌握也需要利用耳朵听的方式进行，如在分辨鸣禽、猛禽、游禽、涉禽等不同类别的鸟类特点时，在区分动物表达不同情绪的声音信号时，在介绍人类发育过程中声音的变化时，需要通过耳朵听然后分辨不同声音的方式进行等。利用耳朵听的方式，不仅可以为教师营造良好的教学环境，有助于教师快速地将各种生物学知识传授给学生，还能够帮助学生在听的环境下感受生物学的特色，以及每一种生物声音的表现及其实质，在实际生活中可以利用耳朵听的方式及时辨认出生物所发出的信号。

3．生物教学中的动觉体验法

学生通过亲身经历、含有身体参与的课堂活动来进行生物学知识的学习，往往可以达到非常好的效果。学生在积极参加教学活动、户外实地考察等过程中，掌握学习内容。在生物课堂教学中，辩论、角色扮演等都是常用的动觉体验法。如在“转基因技术的研究和利用”问题上，可以将学生分为正方、反方，各自

寻找资料，展开辩论；又如在“保护生物多样性”的学习中，老师可以让学生分别扮演动物、植物、猎人、村民、政府官员、法官等角色，进行一场人类对动植物“迫害”的模拟审讯。通过这样的方式进行学习，可以有效地拓展学生的眼界、提高学生的思辨能力，巩固学生的生物学知识。

4．生物教学中的触觉实践法

动手实践的方式是最能体现生物学教学特点的方式之一。这种教学方式侧重于学生的动手能力，不仅可以提高学生的实践能力，还可以让学生更为直观地了解生物学的相关知识，包括实验材料的选择、生化指标的检验、生物结构的解剖、生物标本的采集等，这些生物实践课教学，体现出生物教学实践性的特点。特别是在一些实践性很强的理论知识讲解方面，教师需要经常运用动手实践的方式开展教学工作，如临时装片的制作的讲解等，若能够一边讲解一边进行示范，就可以让学生快速掌握制作方法。运用动手实践的方式开展生物教学，教师需要做到准备充足的教学模型或相关的演示设施设备，以便在课堂教学实践中灵活运用。

5．生物教学中的互动沟通法

互动沟通与单纯的声音刺激不同，其重点是互动。通过声音语调、肢体动作、面部表情、目光眼神等传达信息，师生、生生之间进行沟通交流。生物学教学是一个生成性的过程，无论是教师还是学生，都需要利用语言沟通的方式参与到生物学教学中。

教师利用语言进行沟通的方式主要体现在：①为学生讲解相关生物学知识，便于学生理解和记忆；②在课堂上多与学生进行互动与沟通，在学生没有完全明白所讲授的内容时，可以规定一个时间段，然后与学生进行沟通，及时了解学生课堂知识的掌握情况；③帮助学生更好地利用语言与他人进行交流和合作，培养学生的合作意识及学习生物的良好习惯。

学生利用语言沟通的方式主要体现在：①对于不懂的生物学问题及时向教师请教；②在一些需要进行实践操作的生物学知识方面，可以请求教师给予指导，在教师的指导下完成实践操作；③可以通过定期与教师进行交流沟通的方式汇报生物学习过程中遇到的问题，然后由教师给予相应的帮助。

二、生物教学中多感官认知教学策略运作的过程

多感官认知教学过程主要体现在对学生进行递进式生物教学，让学生通过感

官之间的联系来开展生物教学工作。

1. 循序渐进的认知教学过程

多感官认知教学过程实质是一种循序渐进的认知教学过程，在这一教学过程中，教师不仅要充分调动起学生的各种感觉器官参与到实际的生物教学课堂中，还要保持各种感觉器官在接受生物教学知识时有一定的接受过程。如在讲授“观察蚯蚓的运动”时，学生先通过视觉观察蚯蚓的外形和运动特点，然后听教师讲解相关知识和操作的注意事项，再动手实践，触摸蚯蚓的身体表面，感受其湿润的体表和刺手刚毛，最后运用动觉体验法将蚯蚓分别放在玻璃板和硬纸皮上亲身参与到蚯蚓运动的实验中。如果仍然有疑问，还可以运用互动沟通的方式向教师提问，在教师的指导下完成生物学知识的学习。

2. 多感官互为补充的认知教学过程

多感官认知教学过程侧重于多感官参与生物教学，教师在生物教学中需要充分运用多感官来提升教学质量。随着现代技术手段进入课堂，视频、微课、互动白板、移动终端等多感官通道同时参与到课堂教学当中，从而更好地发挥眼、耳、身、手、口等感觉器官的不同作用。授课时，不仅需要运用口、手、眼的方式为学生进行现场讲解，还可以进行演示操作，同时观察学生反应，通过互动交流了解学生学习过程中遇到的难点，有针对性地答疑。学生在学习中，也需要做到多感官互为补充的认知学习过程，在用心听讲的同时，多观察图片、演示，积极参与实践操作，善于与教师交流，从而实现多感官的互为补充，提升自身生物学知识的学习。

3. 多感官相互协调配合的认知教学过程

在生物学教学过程中，大多数生物学知识的教学并不需要动用学生的所有感觉器官，而是有所侧重：在课堂教学阶段，主要侧重于讲解，这时学生需要动用的感觉器官是眼睛与耳朵；在实验操作阶段，主要侧重于实践，学生更多的则是需要动用动觉、触觉。多感官认知教学过程并不是一味强调多种感官一同参与生物教学，而是在不同的教学环节通过多感官相互协调配合的方式完成对教学过程的认知。正如前面提到的，信息技术一方面为教学提供了更多可能性，另一方面也对教学过程的媒体规划和选择提出了新的挑战。

三、生物教学中多感官认知教学策略运作的原则

多感官认知教学并不是在任何教学环境下都能够运用，而是需要遵循一定的

原则，才能够最大化地发挥出这种教学方法的作用。

1．从感性到理性的原则

多感官认知教学体现在多种感觉器官的教学方面，但是从这些不同感觉器官的分布及接受生物教学的方式上看，多感官认知教学原则需遵循从感性到理性的原则。如在生物教学过程中，往往是先通过观察生物的结构、行为、特征或者听说关于生物的有关描述，然后是思考，设计研究或者验证方案，继而动手实施，最后交流经验，这就体现出从感性到理性的原则。如果随意打乱感觉器官的认知教学顺序，违背一般的认知规律，可能会影响知识的有效梳理，教学也难以有效开展。从感性到理性的原则，也是建立在感觉基础之上的思考。不仅要传授生物学科理论知识，还要思考利用多感官认知教学策略培养学生的思考能力，达到理性教学的目的。

2．感官体验与教学内容相适应的原则

（1）不同人体感官通道的优势。多感官认知教学策略分别运用人体的不同感官部位开展生物认知教学，需要在设计教学时充分考虑不同的感官体验的优势。利用眼睛看的方式，着重体现在观察方面；利用耳朵听的方式，着重体现在听的方面；它们的共同优势是直观，传递的信息量大。利用亲身感受的方式，着重体现在体验方面，优势是深刻、全面；利用动手实践的方式，着重体现在动手能力方面，优势是培养严谨的科学态度和方法；利用互动沟通方式，着重体现在交流方面，优势是综合性强。

（2）不同人体感官通道的适用范围。利用不同的感觉器官开展生物教学，还要考虑不同的感官适用的教学点有着诸多不同之处。眼睛适合的教学内容是视觉能够达到的范围，包括书面知识及教师所出示的模型、图片等；耳朵适合的教学内容是听觉能够达到的范围，包括课堂上教师的讲解、各种生物所发出来的不同声音等；体验适合的是对所接受的生物学知识进行理解与认识的过程，尤其适合已经获得的生物学知识的重复学习过程；实践操作侧重的是将所获取的理论知识运用实践操作的方式体现出来，以加深对已经获取的理论知识的深度认识；互动侧重的是交流，以及对其中不理解的生物学知识的再次学习与认知。

3．多感官教学与多元评价相结合的原则

多感官认知教学除了开展日常的生物教学外，还需要对整体的教学质量进行多元评价，评判各感官教学策略的质量、效果及不足。通过评价，比较同一知识内容，采用何种感觉通道为主实施教学效果更佳；总结某一感觉通道，达成哪些类型的知识或能力要求效率更高。教学评价的方式有很多种：其一，教学任务完成情况的评估。以生物教学任务的完成情况作为依据的评价。其二，学生学习情况的评价。以定期的考试成绩状况、课堂教学知识相关笔记的记录情况为依据的评价。其三，以双向评价的方式进行评估。以学生对教师的评价及参与教学的学生情况为依据的评价。教学与评价相结合的原则，可以提高生物教学的有效性，在评价的基础上对多感官认知教学策略进行不断改进与完善。

多感官认知教学策略对于生物教学具有重要的意义，这种教学方式能够促进教师与学生之间的双向互动，帮助教师更好地开展生物教学，不断推动教师生物教学水平的提升，还能够激发学生学习生物的积极性，培养学生学习生物的浓厚兴趣。

参考文献

[1] 荀永利. 学生感觉通道学习风格调查研究与教学建议. 教育界（高等教育研究），2011（7）.

[2] 赵瑞芬. 多感官参与下的生物课堂教学. 中学生物学，2011（2）.

高中“体育与健康”校本课程设计模式的研究

查　锋

【摘要】依据新课程标准的要求，地方体育课程与学校体育课程共同丰富着学校课程。随着体育校本课程在发展学生主体性和课程适应性方面的优势，其运用已成为必然趋势。然而，校本体育课程在许多方面还处于摸索阶段，存在许多问题，尤其没有一个整体的设计模式指导校本体育课程的建设。本文提出一种面向高中体育的校本课程设计模式架构，阐述了其整体模式结构和内容设计，并提出自己的看法。

【关键词】体育与健康　校本课程　模式

一、前言

体育教师作为体育教学工作的亲历者和实践者，拥有学校体育课程设计的权利和义务。但是，在我国学校现有工作环境、条件与负荷的教学大背景下，一线体育教学工作者由于缺乏专业课程培训和理论支援，难以从自身面临的实际情况着手深入思考与解决体育课程设计的问题，并做出科学、合理的课程设计与改善。学校体育课程开发与实施存在多方面问题：①体育课程理论基本素养的欠缺限制了学校课程教材的开发；②缺乏合格的地方教材开发人员、团队和专业指导；③体育校本课程的典型性、基础性、文化性、可行性值得推敲。

鉴于以上原因，需要一个具备一定操作性与可行性的体育校本课程设计模式来指导学校体育课程的研发和建设，从而提高课程设计的有效性和针对性。为此，本文依据“体育与健康”课程标准的核心理念，通过参考相关资料并结合自身实践经验，提出一个高中“体育与健康”校本课程设计模式，并进一步阐述这一设计模式的架构与内容。

二、“体育与健康”校本课程设计的理论模式

1999年6月公布的《中共中央国务院关于深化教育改革、全面推进素质教育的决定》中强调，要把调整改革课程体系结构内容、建立新的基础教育课程体系，作为全面推进素质教育的重要举措。推行国家、地方和学校三级课程管理体制的目的是解决传统的课程体系与内容脱离社会发展、地方需要和学生成长的弊病，加强课程的实践性，促进教材多样化和本土化，达到课程目标多元化。

课程是一种育人媒体，是学生所受教育的全部内容和组织形式，其内容和方式是有机联系的大教育主题网络。体育课程不仅包括系统的运动知识和规范的运动技术要求，还包括学生的经验获得；体育课程计划通过实践活动不断丰富与发展，强调在活动中产生体验，积累经验；学校体育把体育文化转变成适应学生水平和发展的内容。课程设计是根据特定的教育目标选择与组织特定的学习主体、学习内容、学习活动和教学环境的课程系统化过程。

依据体育与健康课程标准“健康第一”的指导思想，遵循学生身心发展规律，适应社会进步、经济发展和科学技术发展，培养学生的创新精神和实践能力。结合国家、地方和学校三级课程管理的要求，通过前期的实地走访与查阅大量的课程设计理论资料，经过几轮多人次的反复研究，在吸取现代多种课程设计理论模式优点的基础上，本文提出了具有一定针对性的高中“体育与健康”校本课程的设计理论模式——主体性模式。

一个完整而有效的高中“体育与健康”校本课程设计模式是比较复杂的，应该包括课程设计前期分析，课程预定目标，课程内容设计，课程实施，课程观察分析，评价、反馈、重构几个部分，如图1所示。

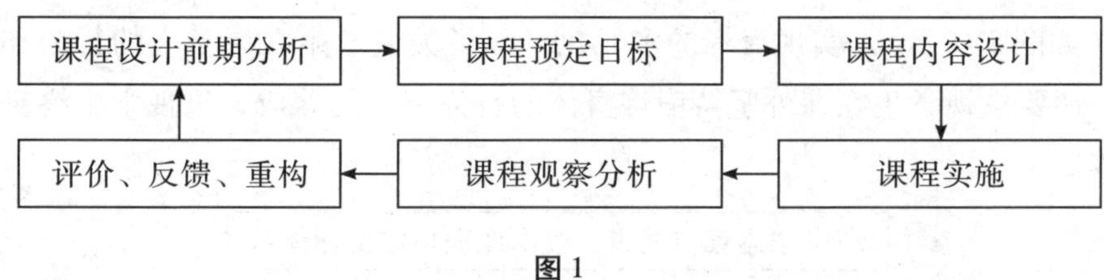

图1

1. 高中“体育与健康”校本课程设计前期分析

校本课程设计前期分析是校本课程设计与实施的重要前提，对课程整体设计、课程预定目标、课程内容选择和课程具体实施起到指向性的作用，需要综合

考虑教学主客体、教学环境与课程个性化等多方面的因素，如"体育与健康"课程标准的要求、学生的体育需求、体育师资力量、体育场地器材条件、校园体育文化等。建议首先分析课程自身特点，并通过学校课程管理部门和体育教研组全体教师讨论，结合面向教学对象分层抽样问卷调查，从学生参与运动项目的类别、运动习惯、运动基础、兴趣爱好程度、参与动机、情感体验、影响因素等方面实施统计学的量化。另外，对校本课程项目的确定与具体实施的可行性进行论证，从而实现校本课程设计的定性与定量前期分析。高中"体育与健康"校本课程设计前期分析模式，如图2所示。

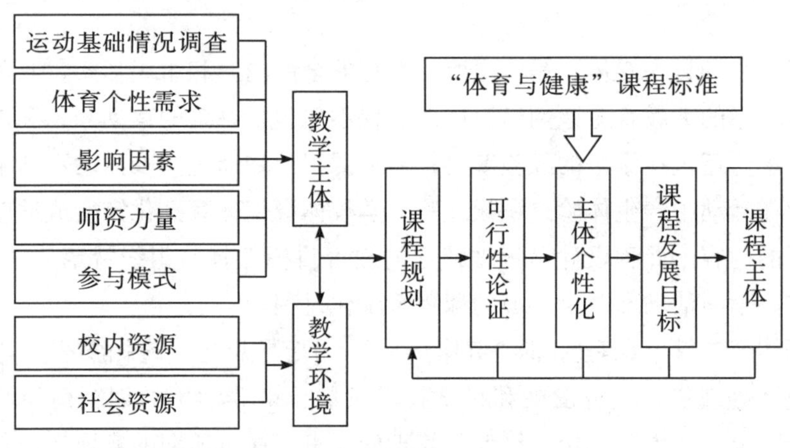

图2

2．高中"体育与健康"校本课程预定目标体系

本文以"体育与健康"课程标准为指导，在"体育与健康"课程总目标基础上，根据高中学校实际情况、学生身心发展的特点和学习内容的可接受程度，确定高中学段校本课程预定教学目标。为了更好地达成课程总目标，构建高中"体育与健康"课程预定目标—领域目标—水平目标—效果目标四层递进的目标体系（如图3所示），实现目标的多元化，除了关注学生在课堂上的行为和表现之外，还要重视学生在课外坚持锻炼身体的行为习惯的养成，重视学生终身体育的培养。

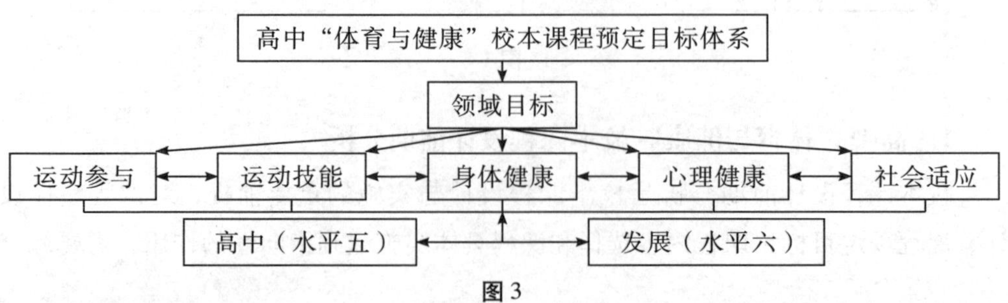

图3

3．高中“体育与健康”校本课程结构及内容设计

将“体育与健康”课程设计为主体课程和拓展课程两部分结构，从课程结构的总体设计上凸显层次差异，提升课程在实现学生能力社会化、主体个性化方面的课程预期目标。

在基础课程中，分别通过不同的授课方式，激发和保持学生的运动兴趣，引导学生获得运动和健康的基础知识，学习体验运动技术和技能，扩宽体育文化的视野，感受运动的紧张与愉快、成功与挫折的情绪，提高学生的社会适应能力和体育素养，保证绝大多数学生能完成课程的学习目标。在拓展课程中，进一步发展学生的综合能力和终身体育意识。通过课堂外各种体育活动与竞赛、体育社团，开发学生的潜能，培养学生的运动特长，提高学生运动组织和自主参加体育锻炼的能力。另外，针对部分体育特长生在拓展课程的内容学习上应该体现出难度上的差异。课程内容安排除了“体育与健康”课程标准涉及的课程内容之外，根据学校现有情况还可以改造与引入一些学生兴趣较为浓厚的传统和新型运动项目，如毽球、街舞、橄榄球、轮滑等。高中“体育与健康”校本课程结构，如图4所示。

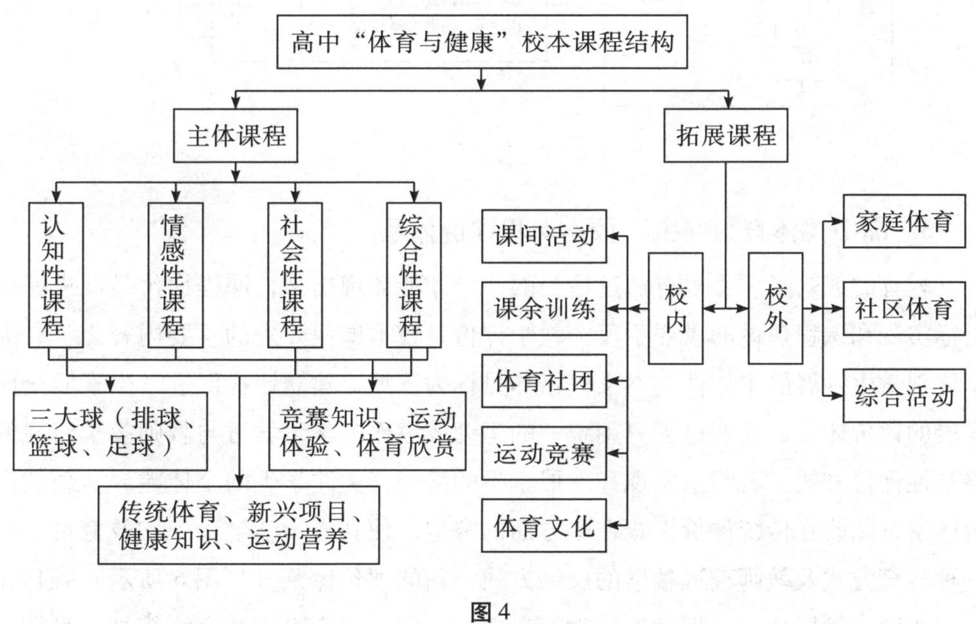

图4

4．高中“体育与健康”校本课程实施与观察分析

建立课程实施机构是落实体育校本课程开发的基础，如果只有领导机构而没有强有力的实施体系，再好的课程设计方案也只是一纸空文，也是难以付诸实践

的。在现有体育课程制度的监督组织体系下，构建多元主体监督体系，是解决课程制度保障监督的一条路径。

校本课程实施首先从制度上进行明确，成立由主管领导负责的“校本课程实施与研究小组”，负责课程的实施、推进与保障工作；转变观念，提高认识，利用多种途径开展校本课程的知识普及与推广；课程的实施主体是学生，关键在于教师，落实课程学习制度，采用学校、科组、备课组分层管理模式和小组探讨、师生互动、自我提高结合的形式。高中“体育与健康”校本课程实施模式，如图5所示。

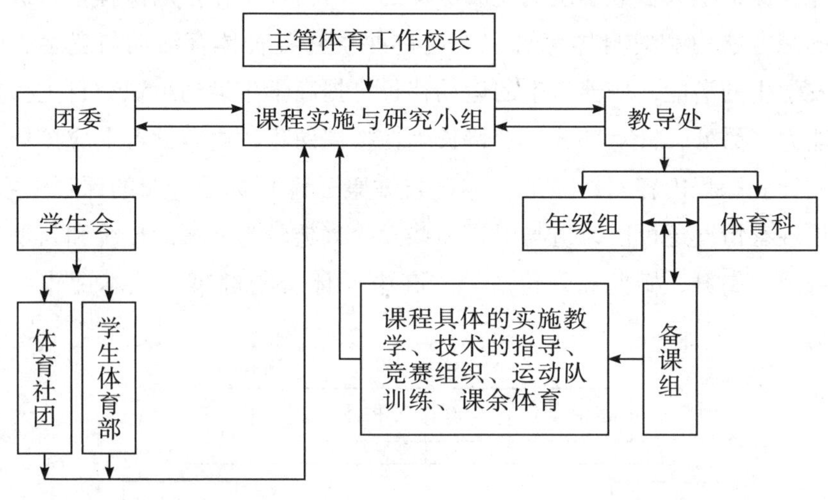

图5

5. 高中“体育与健康”校本课程评价体系

教育的成效必须也只有通过适当的评价才能体现出来，课程评价是促进课程目标实现和课程建设的重要手段。教学评价是校本课程开发的重要内容之一，为了体现学生发展的主体性，本文以培养目标为依据，建立旨在促进学生素质全面发展的评价体系，改变过去只用统一的运动成绩作为学生学习与教师教学情况的终结性评价方式，着眼于发现和发展学生的潜能；关注学生的个体差异，新的评价体系试图改变传统评价模式在多方面的弊端，使其成为学生认识和教育自己的一种教育方式及教师改进教学的反馈方式。新的评价体系（如图6所示）强化评价的激励、发展功能，把学生的学习兴趣、态度、情意表现和合作精神、身体素质、知识与技能等纳入学习成绩评定范围内，鼓励学生主体自我规划、自我选择，并让学生参与评价过程，以体现学生学习的主体地位，提高学生的学习兴趣。

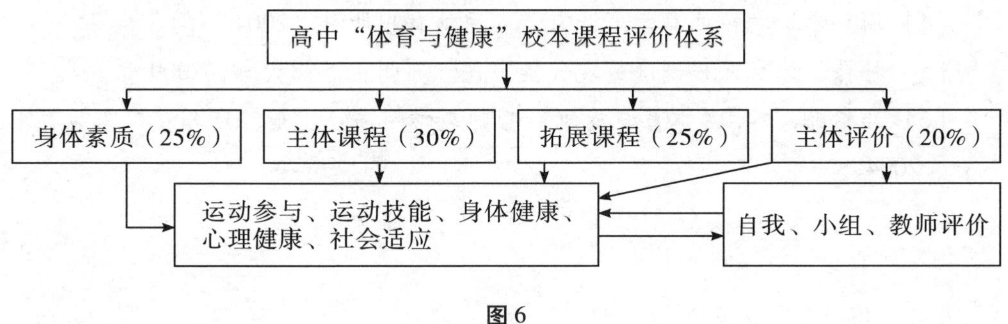

图6

三、小结

体育校本课程开发应该以学校体育教师为主体，在国家“体育与健康”课程标准的指导下，依据学校自身的性质、特点、条件与可利用和开发的体育资源，为满足学生的体育需求和促进学生健康发展而开展。体育校本课程开发包括两大范围：一是国家课程和地方课程校本化、个性化实施的过程；二是学校自主开发设计新的体育课程的过程。

体育校本课程开发推动了学校体育的整体发展，促进了学生整体素质的提高，促进了体育教师的专业发展，使学校体育教学“突出重围”，并涌现出各具特色的、多样化的体育校本课程开发模式，使体育校本课程开发实践呈现出繁荣景象。

但是，学校体育校本课程开发仍然存在一些亟待解决的问题：①传统习惯势力与现实需求之间的矛盾；②概念模糊，认识偏差；③体育教师的课程意识与课程开发能力薄弱；④缺乏体育课程专家的技术指导；⑤盲目追求兴趣化、特色化，缺乏规范性和科学性；⑥评价基础薄弱并带有随意性；⑦课程的优胜劣汰的机制建立及校本课程开发本身缺乏相应的政策支持等。对这些问题进行反思，并寻找解决问题办法，将有利于学校体育校本课程开发实践向纵深方向发展。

参考文献

［1］王建军．认真学习贯彻新《标准》 全面提升教师执行力．中国学校体育，2012（7）．

［2］白月桥．素质教育课程构建研究．北京：教育科学出版社，2001．

［3］董翠香．我国中小学体育校本课程开发理论与实践研究．北京：北京体育大学，2004．

[4] 周登嵩．学校体育学．北京：人民体育出版社，2004.

[5] 杜伟．体育课程制度的现代性审视．苏州：苏州大学，2009.

[6] 邓树勋，等．《体育与健康》教师教学用书：上册．广州：广东教育出版社，2004.

高中选项课对提高高一女生有氧耐力的对比实验研究

施先华

【摘要】本文运用文献资料、实验测试、整理统计等研究方法，对笔者所在学校游泳选项教学与篮球选项教学对高中一年级女生有氧耐力的影响差异进行了相关对比研究。研究认为，游泳选项课和篮球选项课都能提高高中女生有氧耐力，但游泳选项课更为显著。高中选项课的开展，不仅使她们掌握了专项运动技能，锻炼了身体，激发了学习兴趣，又能使学生形成一技之长，为终身坚持体育锻炼打下基础。

【关键词】游泳运动　篮球运动　高中女生　有氧耐力　实验对照

近年来，我国政府先后组织多次大规模的学生体质健康调查或监测。从调查与监测的结果情况来看，学生的体质健康状况逐步好转，但也存在一些问题，学生耐力方面，以高中女生最为明显。本文主要研究了游泳与篮球选项体育课对高中一年级女生有氧耐力的影响，以期对学校合理安排高中体育选项课的运动项目设置建立相关的理论体系，提高高中女生的有氧耐力水平。

一、研究方法

1．文献资料法

通过“中国知网”搜索到与本研究相关的游泳教学、篮球运动、体能训练等方面的文献资料，基本了解到国内外的发展状况及涉及研究的有关信息，与本研究测试所得数据相互补充，为该研究提供理论依据。

2. 实验测试法

选择笔者所在学校2011年高一（4）班的全体女生为研究对象，分为游泳选项组和篮球选项组，每个选项组各40人，共80人。将游泳选项组女生归为实验组，而篮球选项组女生为对照组，进行教学对比实验。将实验前后实验组与对照组的800米跑的成绩作为指标进行对比分析。

具体的教学安排为：实验组和对照组的上课场地分别为游泳池和篮球场，分别严格按照预先制订的课时计划，进行游泳选项和篮球选项教学，实验时间为12周，总时数48课时，每周4课时，每课时40分钟，练习密度保持在50% ± 5%，上课的练习时间和时数完全相同，严格控制其他影响因素。

3. 数理统计法

运用Excel 2000统计实验前后所有资料数据，并进行初步的处理，运用SPSS统计软件，对教学实验前后实验组与对照组进行组间比较，其检验方法为独立 t 检验；对教学实验前后实验组及对照组进行组内比较，其检验方法为配对 t 检验。显著性差异为 $P < 0.05$，非常显著水平为 $P < 0.01$。

二、研究结果与分析

（一）游泳选项组与篮球选项组的女生800米跑成绩的比较

表1是游泳选项组与篮球选项组实验前800米跑成绩比较。通过表1两组实验前800米跑成绩分析得出：$P = 0.093 > 0.05$，游泳选项组和篮球选项组的女生800米跑成绩实验前无显著性差异，即两组女生800米成绩初始水平相当，起点相同。

表1

实验组（$n = 40$）	对照组（$n = 40$）	t	P
4.02 ± 0.45	3.98 ± 0.38	0.22	0.093

注：$P > 0.05$ 为无显著性差异。

表2是游泳选项组女生实验前后的800米跑成绩比较。通过表2游泳选项组女生实验前后800米跑成绩分析得出：$P = 0.00 < 0.01$，游泳选项组实验组前后800米跑成绩有非常显著性差异，学生成绩显著性提高非常明显。

表 2

实验前（$n=40$）	实验后（$n=40$）	t	P
4.02 ± 0.45	3.79 ± 0.34	4.64	0.00

注：$P < 0.01$ 为非常显著性差异。

表 3 是篮球选项组女生实验前后的 800 米跑成绩比较。通过表 3 篮球选项组女生实验前后 800 米跑成绩分析得出：$P = 0.045 < 0.05$，篮球选项组实验前后的女生 800 米跑成绩有显著性差异，学生成绩有显著性提高。

表 3

实验前（$n=40$）	实验后（$n=40$）	t	P
3.98 ± 0.38	3.85 ± 0.48	2.04	0.045

注：$P < 0.05$ 为显著性差异。

表 4 是游泳选项组与篮球选项组实验后 800 米跑成绩比较。通过表 4 两组实验后 800 米跑成绩分析得出：$P = 0.00 < 0.01$，游泳选项组和篮球选项组实验后 800 米跑成绩有非常显著性差异，说明游泳选项组的女生 800 米跑的成绩比篮球选项组女生 800 米跑的成绩有非常显著性提高。

表 4

实验组（$n=40$）	对照组（$n=40$）	t	P
3.79 ± 0.34	3.85 ± 0.48	1.32	0.00

注：$P < 0.01$ 为非常显著性差异。

（二）篮球运动项目与游泳运动项目的特征分析

1. 篮球运动项目特征

篮球运动是一项以投篮得分为目的，攻防快速多变的速度力量型、强对抗性的体能和技能类项目。这项运动以快速多变为灵魂，以技术对抗为手段，以速度力量为保障，以投篮得分为目的。速度是竞技运动的生命，是篮球运动进攻、防守、攻防转换的关键。有速度才有可能捕捉有利时机、有利位置、摆脱防守、抢断成功、控球得分。这表明篮球运动不单纯是技能类运动项目，而是对体能有很高要求的运动项目。篮球运动的体能训练要以速度力量型、对抗性身体练习为主，以保证运动员在激烈的比赛中能准确地投篮得分。

篮球运动对耐力素质有要求。耐力是指机体坚持长时间运动的能力。我们一般将与专项运动成绩关系密切的耐力称为专项耐力，具体地讲，也就是指持续完成专项动作或接近比赛动作的耐力。篮球比赛场地小并有诸多限制，篮球比赛场地是28 m×15 m，在集体同场对抗项目中，比赛场地是最小的。在这么狭小的场地上还有诸如3 s限制区、中线等限制。比赛场地小、强度大、对抗性强，而且为了保持战斗力，双方换人频繁，这些特点要求篮球运动员首先要具备良好的无氧耐力，尤其是保持高强度、爆发式运动的能力，也就是长时间反复进行短距离的高强度运动的能力。长时间是指净比赛总时间长；反复是指各种急起、急停、跳跃、滑步等动作，在一场比赛中需要重复100多次；短距离的高强度运动是指急起、急停、跳跃、滑步等脚步动作，其实际距离较短，但都属于极限、亚极限运动。篮球运动专项耐力主要体现在保持反复进行的短距离、高强度间歇运动的能力。

2. 游泳运动项目的特征

正如前奥运会50米、100米自由泳金牌得主波波夫说过的一句话：“从某种意义上说，游泳是一项耐力运动，因此需要高度地发展有氧能力。”人在水中运动时，各器官都参与其中，耗能多，血液循环也随之加快，以供给运动器官更多的营养物质。血液速度的加快，会增加心脏的负荷，使其跳动频率加快，收缩强而有力。经常游泳的人，心脏功能极好。一般人的心率为70～80次/分，每搏输出量为60～80毫升。而经常游泳的人心率为50～55次/分，很多优秀的游泳运动员，心率为38～46次/分，每搏输出量为90～120毫升。游泳时水的作用使肢体血液易回流心脏，使心率加快。长期游泳会有明显的心脏运动性增大，收缩有力，血管壁厚度增加、弹性加大，每搏输出血量增加。所以，游泳可以锻炼出一颗强而有力的心脏。

游泳时为克服水的阻力需要消耗较多的能量，使心率加快，心输出量增大。心血管系统包括我们所熟知的心脏、肺和负责将吸入的氧运送到肌细胞的血管。坚持长期进行游泳锻炼，心脏体积呈运动性增大，心肌收缩有力，安静心率减慢，每搏输出量增加，血管壁增厚、弹性加大，心血管系统的效率得到提高。

（三）游泳运动与篮球运动的环境不同

游泳运动是男女老幼皆喜欢的体育项目，源于居住在江、河一带的古代人。他们为了生存，必然要在水中捕捉水鸟和鱼类作为食物，通过观察和模仿鱼类、青蛙等动物在水中游动的动作，逐渐学会了游泳。水的一个主要特点是难以压缩性。因为水的密度比空气大800余倍，人在水中受到的压力要远远大于在空气中受到的压力。这就是初学游泳者在水中感到呼吸困难的原因。由于胸腔和腹腔在水中受到的压力增大，这就迫使呼吸肌用更大的力量进行呼吸。所以，经常游泳，可以增大呼吸肌的力量，提高呼吸系统的机能。最明显的一个例子是肺活量的值。游泳运动员的肺活量为4 000 ~6 000 毫升，甚至7 000 毫升，而一般人只有3 000 ~4 000毫升。

游泳也是一项激烈的运动，人在水中活动的阻力比在陆地上大12 倍，手脚在水中运动时就能感受到强大的阻力，所以背部、胸部、腹部、臀部和腿部的肌肉在游泳当中能够得到很好的锻炼。同时，水的传热速度比空气要快，水的导热性大于空气24 倍，水温一般低于气温，也就是说，人在水中丧失热量的速度会很快，这也有利于散热和热量的消耗。因此，游泳时消耗的能量较跑步等陆地上项目要大很多。

三、结论与建议

（一）结论

（1）通过两种选项课对比实验研究，实验组与对照组学生的800 米跑成绩实验后均有非常显著性差异。篮球选项组女生的800 米跑成绩有显著性提高，但是对比起来，游泳选项组比篮球选项组的800 米跑成绩有更为显著的提高。这说明游泳运动项目比篮球运动项目对高中一年级女生有氧耐力的提高更有效。

（2）实验研究表明：不同体育项目的选项体育课对高中一年级女生的有氧耐力的影响各有不同。

（3）游泳运动项目可以改善身体的心血管系统功能，还可以提高呼吸系统的机能。

（二）建议

（1）有氧耐力差是高中女生的一大弱点，我们可以尝试将游泳选项教学作为提高高中女生有氧耐力的一个重要手段，可以将其扩展到全校，以提高学校学生的有氧耐力。

（2）高中女生有氧耐力的提高不仅是体育课教学中耐久跑的事情，而且要全方位、多渠道进行。

（3）游泳的健身作用是不可估量的，树立了中学生正确的学习动机，对人体的健康起到了促进作用，因此我们应大力推广和普及游泳教学。

（4）在提高学生有氧耐力训练的时候，必须注意各个运动项目的特征，有针对性地对学生进行训练。

（5）现在高中女生大多数是独生女，怕苦怕累，不愿意运动。我们在体育教学过程中，要树立以学生为主体的教学理念，激发学生的学习兴趣，使学生自主地积极参与到教学活动的全过程中去。

参考文献

[1] 曹子毅. 中长跑训练方法及其演变规律研究. 成都体育学院学报，2005（1）.

[2] 中华人民共和国教育部，等. 2005 年中国学生体质与健康调研报告. 北京：高等教育出版社，2007.

[3] 邓树勋，王健，乔德才. 运动生理学. 北京：高等教育出版社，2009.

[4] 吴河海，马吉光. 游泳运动. 北京：人民体育出版社，2011.

[5] 季浏. 体育与健康. 上海：华东师范大学出版社，2000.

[6] 马连鹏. 普通高校游泳课教学现状调查与改革研究. 福建体育科技，2003（5）.

[7] 袁艳春. 游泳教学中应用互动教学法对学生主体性发展的研究. 辽宁体育科技，2005（6）.

[8] 洪卫星，张兆才. 从生理生化角度对间歇训练方法的探讨. 安徽体育科技，2003（3）.

[9] 杨世勇，等. 体能训练学. 成都：四川科学技术出版社，2002.

[10] 田麦久. 运动训练学. 北京：高等教育出版社，2006.

[11] 延峰，栗春光. 当前运动训练和比赛中体能问题突出的析因. 北京体育师范学院学报，2000（3）.

[12] 苟波，李之俊，高炳宏，等. “体能”概念辨析. 体育科研，2008（2）.

[13] 谭朕斌. 当代篮球运动的发展特征. 山东体育学院学报，2004（4）.

[14] 何斌. 安徽省篮球运动现状与发展对策的研究. 安徽师范大学学报（自然科学版），2004（3）.

“系统与设计”教学资源开发与利用的实践研究

江健初

【摘要】“系统与设计”教学资源开发与利用的实践研究，目的是解决“系统”的特殊性给教师和学生带来教学资源有效利用的困惑。本研究以学生自主学习理论和建构主义理论为指导，通过设计、试验、分析、反思、交流，努力探索新课程标准理念指导下教学资源有效开发和利用的课堂教学过程及方法，结合系统分析和设计的技术试验等锻炼，真正培养具有创新精神和实践能力的综合性人才。

【关键词】系统与设计　教学资源　开发　利用

一、课题的提出

1. 课题的背景和意义

“系统与设计”是高中通用技术课程必修模块的重要组成部分，但高中学生对该系统比较陌生，了解浅薄，这在教学实施中有一定的难度。该模块的教学资源开发和利用在不同学校教师间存在很大的差异：有的学校教学资源（包括课件、案例等）比较欠缺，有的教师有一定的资源，但在使用上感觉跟学生自身的实际情况差距较远，难使学生产生共鸣和学习意义，也严重影响了教学效能。

课程改革的核心是课程实施，而课程实施的基本途径是课堂教学。其中，在“系统与设计”的教学目标要求提出，从应用的角度理解系统的含义，通过简单的系统案例分析，理解系统的基本特征，掌握系统分析的方法，经历将系统中结构、流程与控制的基本知识应用于技术实践的过程，掌握其基本思想和方法，并能综合运用所学知识和技能解决一些实际问题，发展创新精神和理论运用于实践的能力。因此，我们提出了这一课题，将以这一课题研究为契机，认真实践、不断总结，探索出新课程标准理念指导下教学资源有效开发和利用的课堂教学过程及方法，结合系统分析和设计的技术试验等锻炼，从而提高学生综合思维能力及高效解决问题的能力等技术素养和科学素质，真正培养有创新精神和实践能力的综合性人才。

2. 国内外同类课题研究成果

从通用技术的提出到现在的不到十年里，同行们都在努力研究"系统与设计"模块中教学资源开发与利用的问题，不断反思教学过程中不同教学资源对教学成效的影响，也在不断地积累经验和心得。国外的科技教育课程也很早就把"系统"的理念引出给学生，让学生能更早地运用系统思维与方法去分析和研究每一项活动或者任务，比国内的课程标准更突出"系统"思想的重要性。本课题研究确立以主体教育为核心的现代教育观，高扬人的主体性，重视人的发展，对原有传统教育中不合理的行为方式和思维方式进行改革，在研究过程中更多地关注学生主体对教学资源的感受与认同，努力提高每一个教学资源对教学效果的有效影响。

二、课题研究过程

本课题研究的理论基础以国家教育部制定颁发的《普通高中技术课程标准（实验）》为依据，结合教学的实际情况形成以下教学理念：关注全体学生的发展，着力提高学生的技术素养；注重学生创造潜能的开发，加强学生实践能力的培养；紧密联系学生的生活实际，努力反映先进技术和先进文化，丰富学生的学习过程，以倡导学习方式的多元化为宗旨。

本课题拟解决的问题：了解和研究课程教学中"系统与设计"模块的教学资源开发与使用情况，先根据实际差异设计开发不同教学资源，然后有针对性地使用不同的教学资源，再通过调查和访谈等方法了解学生对这些教学资源的学习效果的反馈情况，探索"系统与设计"教学资源的有效开发与利用的原则、方法和策略，让学生对系统分析产生浓厚的兴趣，鼓励学生通过多种系统分析的锻炼，提高综合分析的能力，为创新设计提供丰富经验和知识支撑，从而提高技术素养和综合素质。

本课题的研究步骤：

（1）2011 年 9—12 月，准备阶段：课题在 2011 年 9 月批准立项后，笔者于

11 月有幸到江苏参加了第三届全国个人课题研讨会交流学习，听取了南京和徐州教科所领导专家及全国各地课题研究先进工作者的多项报告，吸取了课题研究及教学资源开发利用方面的经验与心得体会。并通过阅读系统思维原理和训练等方面的书籍，认真系统地学习了课题有效教学的思想，制定课题实验研究方案，设计调查访谈内容，确定研究策略。

（2）2011 年 12 月至 2012 年 3 月，探索阶段：通过课堂内对原有教学资源的分析研究，确定试用教学资源包，并对每节课的教学资源使用情况及时进行调查分析，通过学生的反馈和课堂教学效果的反思，结合学生作品制作和书面的系统分析报告的情况，不断调整教学资源的开发与利用，逐渐形成一套较全面的评价数据库，为后期教学资源开发与利用的研究做总结和设计。

（3）2012 年 3 月至今，总结阶段：收集若干课例与论文（系统分析报告），交流与推广成功经验，形成阶段实验报告。整理课题研究以来的课堂教学设计、辅导学生参加竞赛的主要成果（学生的创意设计方案、学习体会及参赛等）、研究情况的总结与归纳、教师的研究报告等，撰写结题报告。

三、课题研究结果分析

1. 要根据学生的认知水平与能力设计和利用教学资源

学生的认知水平与能力不同，对教学设计中教学内容的理解和消化吸收程度有很大的影响；课堂教学实施前，课题组先进行前测，了解学生对教材所提供的教学资源的认知情况，以对教学资源的开发和利用做适当的筛选与调整。

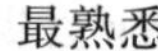

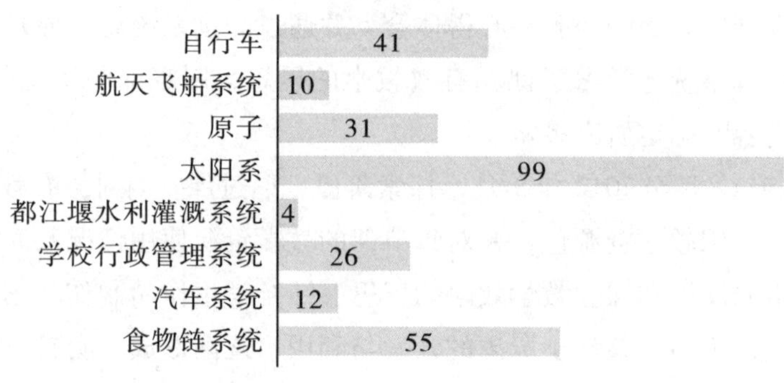

最不熟悉

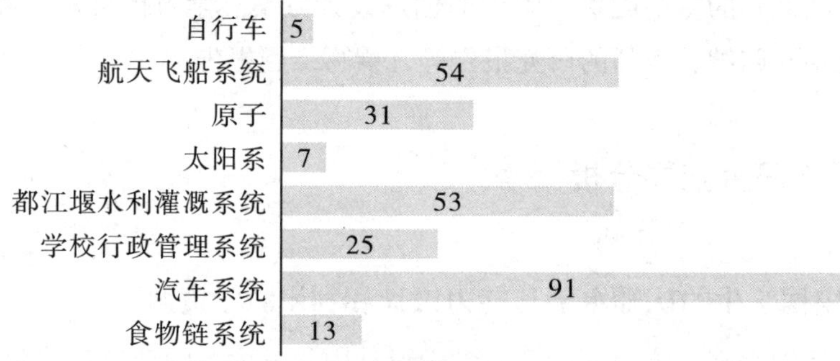

图 1

从图 1 调查结果数据看出：学生对教材提供的例子最熟悉的是太阳系，接着是食物链系统、自行车、原子和学校行政管理系统，都有一定人数，但从访谈了解的情况获悉，他们主要是有各自的特殊性：自己是用自行车作交通工具，有使用经验；自己对微观物理和生物学有较大兴趣，教材中的例子都是学过而且印象很深的内容；担任着学生会或学生社团的职务，对学校行政管理系统的认识较深。根据这些学生的差异性，笔者在进行教学设计时，先以学生都比较熟悉的“太阳系”导入，经过“原子”等例子逐步向学生不熟悉的例子过渡，在第一节“认识系统”的教学过程中，学生都能很投入地参与学习过程。在课后的反馈调查中，学生对课堂中系统的例子都有了一定程度的了解。

在本校不断进行探索研究的同时，课题组积极参加市、区级的听课交流活动，不断吸取同行的经验和心得。刚好广州市教研室也在进行一个“系统设计的基本方法”的同课异构活动，使课题组得到更多研究的案例支持。

在一次听课调研中，一位教师开发了一个关于河涌治理的教学资料。教学过程中，教师先回顾了设计的一般过程、整体最优化原则及系统的一些相关知识后，引出对河涌治理问题的设计要求。在教学案里，向学生提供了河涌治理会涉及的一些知识，如运输、农业、水利、排涝、防洪、生态、景观等方面的资料，然后让学生通过分析河涌发臭、环境变坏等现象的成因，并思考从哪些方面可以进行治理的设计。该例子有很强的专业知识要求，教师在这方面有很深入的研究，然而要在一节只有40分钟的课的系统设计内完成教学要求，对高中学生来说存在相当大的困难，学生在课堂内的表现也反映了达成度不够等问题。可见，这个教学资源的利用中，教师忽视了学生原有的知识架构和认知能力水平，以致学生未能在吸收学案提供的资料知识基础上完成好相应系统设计的要求，严重影响了教学目标的达成与教学效能的发挥。

另外，为了能让学生由浅入深地理解系统的定义，笔者自制了教具“简易报警系统”，该系统主要由两部分构成（磁铁与干簧管的感应报警装置），这样能较好地让学生生成或理解“系统由两个或以上的要素组成”以及“实现一定功能”等的描述。该教具的磁铁由塑料包裹着，学生可以在教师演示后想象其组成甚至原理；而感应报警装置可以进行拆分，能为后面分析系统提供一个较为灵活实用的载体。实验效果表明，该教具的应用简单而直观，既能适合学生初步的认知水平，又能作为后期系统分析的一个主线载体，并能调动学生的学习热情，效果很好。

2. 要根据学生的情感态度和兴趣爱好设计和利用教学资源

学生学习是一个很奇妙的过程。学生作为学习主体，其对学习内容的情感态度和兴趣爱好会极大地影响课堂教学的效果。

以下图2反映了学生前测时对教材例子的情感态度存在较大的差异。

■ 最感兴趣

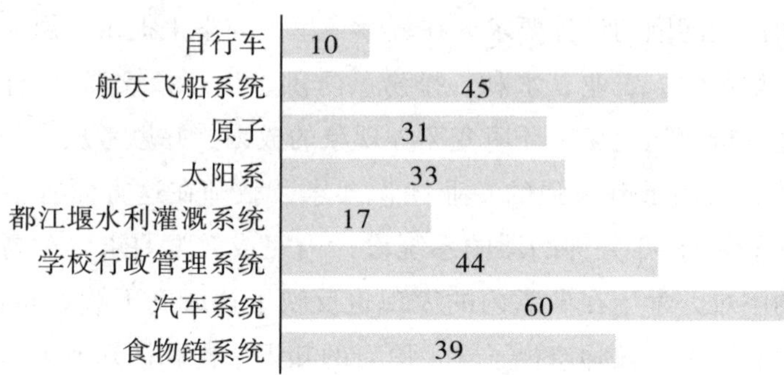

最不感兴趣

■ 最不感兴趣

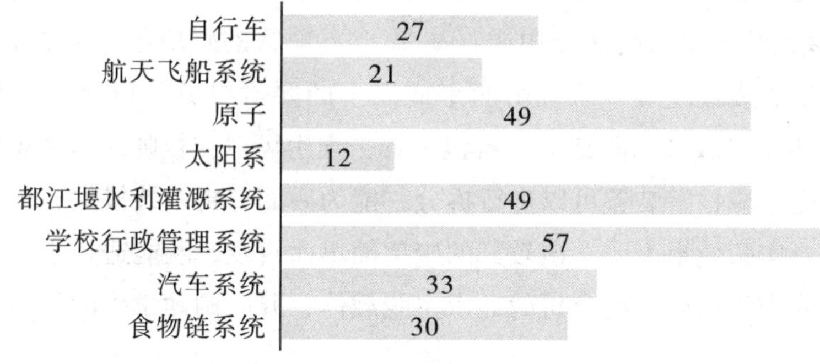

图 2

通过对第一节课后的调查反馈与前测数据进行对比可以发现，学生有了稍微的变化：在提供选择的四个例子（汽车系统、都江堰水利灌溉系统、学校行政管理系统、食物链系统）中，86% 的学生选择对汽车系统进行分析研究。由于还是未能全部兼顾所有学生的兴趣爱好，笔者在课后提供了 5 个不同“渡者”的 IQ 游戏给学生（如图 3 所示），让其课后尝试运用系统的整体、局部、相关等思维模式进行攻关，尽力实现过三关的要求，实在有需要可以进行心得交流。在“渡者”活动中，能够很好地让学生了解与运用系统分析法中定性分析和定量分析（前面主要运用定性分析，后者要结合定量分析），结合分析系统内部各要素之间的关系（促进或制约等），从而学会以整体和局部相结合的方式去分析系统，提高综合分析和解决问题的能力。

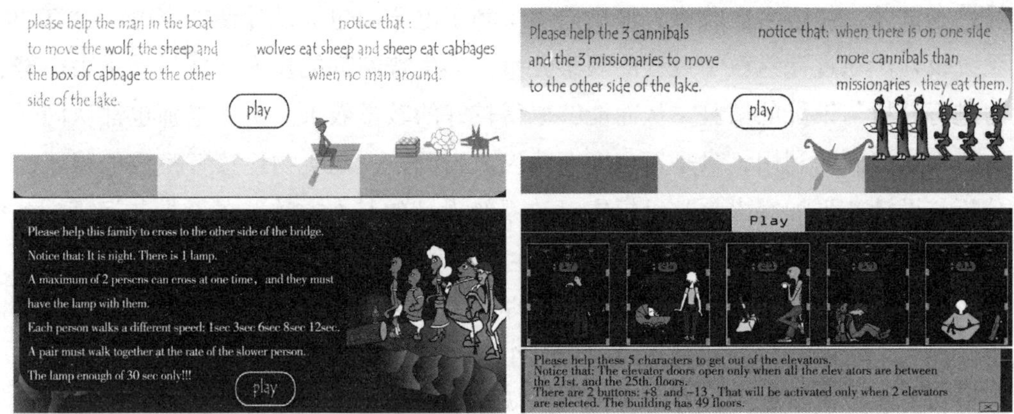

图 3

然后，教师要求学生选择一个自己最喜欢的例子尝试写一份系统分析报告，要求对该系统的组成、内部主要功能模块及实现原理进行剖析，并努力找出其欠缺不足的地方进行分析，尝试提出两个改进设想。在这些“独自”的分析报告中，笔者发现学生兴趣爱好的差异性很大，不少同学选择以下教材和课堂外的系统进行分析：雨伞、电脑主机、吸尘器等，其分析报告也能充分体现学生认真思考，如其中对雨伞不能自动收拢提出了几个设想的方案。通过多种方式对系统分析进行较深入尝试和锻炼，尤其在“渡者”活动中，学生基本形成对定性分析与定量分析的认识和运用能力，具备一定系统分析的方法和手段，也对系统的学习产生浓厚的兴趣和热情。

3. 教学设计要充分准备教学资源，以便根据实际情况及时适当调整

课堂教学是一个充满变数的过程，课堂上学生的临场表现是给教师的及时反馈，教师要灵活根据这些意外信息及时进行调整，把课前准备的备用资源及时调用，以解决意外事件，努力提高教学质量。在听课调研中，有以下两个案例值得引起注意。

案例 1：任课教师在第一次试讲时，通过对泡茶壶的分析过渡到对学校卫生间的自动冲水系统的设计。设计方案的交流过程中，女同学没有发言，反映出女同学在本节课的设计过程中一直处于被动的状态，这主要是由于教师选用的案例是男卫生间的冲水系统，女同学对于这个设计存在较大的心理障碍，感觉跟自身实际情况有很大不适，很别扭，从而导致投入学习程度不够，以致没能达到教学设计所希望的效果。如果教师能在课堂内根据女同学的学习状况，及时发现教学资源不适合的问题，及时更换教学资源，是可以避免后面不理想的效果的。课后评课大家都对教学资源的选用提出了一些想法和建议，该教师也积极思考，不断设计和试验，经过多次改版，最后选用了利用电子面包板设计便携充电小台灯的系统设计。通过课堂教学过程的观察分析，学生普遍都能投入实践活动中去，努力进行分析与设计的试验，从而能够取得较好的教学效果。听课老师也都认同了这个教学资源的利用，只是在难度上建议适当调整，把实物连接替换成电路图的分析与设计，更加突出教学目标中对“系统设计的基本方法”的掌握与运用。

案例 2：任课老师在上一节课与学生对照相机进行了系统的分析，给学生介绍了系统边界、需求分析和功能框图等理念。本课结合需求分析的原理，要求学生设计一个有一定自动控制能力的玩具小狗，它能检测前方障碍物并进行转向或后退，又能提供声音进行开关控制等。从课堂教学效果和评价分析看，该教学设计由照相机引导到机器玩具小狗，对高中学生来说，难度虽大，但前期准备铺垫得还足够，所以学生还能较好地完成学习任务。但由于其教学内容和理念与课程的教学目标有较大偏离，以异地教学同课异构的方式进行，会有很大难度，建议选择现场学生能认同的例子。

4. 尽可能充分利用网络和多种教学平台，给学生提供学习交流的机会

根据学生完成的系统分析报告所反映的兴趣爱好不同，课题组收集了一些技术设计和实践活动的案例。案例有台灯、缝纫机、手表、自发电手电筒、厨具安装、便携小凳、黑板刷、数学教师教学用的三角尺或圆规、橡皮擦、听诊器、鞋刷、蓄物防堵排水管、迷你娃娃屋、桥梁模型、便携洗漱套件、便携多用途容器、便携可折叠脸盆、冲击钻吸尘罩、宠物自动喂食器、智能盆花自动浇水机、车辆限制监视器、安全牛奶箱、物理平抛运动实验仪器、简易报警装置、简易捕鼠装置等。把这些案例放在学校网站共享，并对其中学生不熟悉的系统进行简单分析介绍，让学生能在课余时间学习和了解，对其产生初步认知，形成学习兴趣和方向，指导学生通过网络等途径获取相应知识。在综合实践活动中，要求学生选择其中一个主题（或自己根据实际情况发现和确定一个主题）进行尝试锻炼，其间可以利用网络资源、QQ 群和论坛等交流平台，提高学生分析设计（改进）系统的能力。该项活动虽然还在进行中，但从学生课堂讨论和不同小组针对不同案例能积极提出自己的初步想法并咨询的现象看出，学生对这次活动的热情很高，估计比前期笔筒的设计制造的成效会更好。

四、体会与思考

通过课堂研究过程的实践与思考，深刻体会到教学资源的开发与利用是一个需要长期跟进和更新的过程，其间还要不断丰富含有先进技术的资源，替换掉不合时宜的资源。同时教学资源开发与利用的不断研究，会给教学带来以下特点：

（1）课题研究过程能有效地改变教师教学方式与学生的学习方式。

（2）课题研究过程促使课堂充满生命活力，改变了传统的教学模式。

（3）通过及时反馈，创建了独具特色的学习评价方式。

（4）课题研究融合了传统教学策略的精华，创造了多元化的教学策略。

与此同时，本课题研究的结果和成效也给课题组带来更多的思考，例如：

其一，如何在利用有效教学资源的同时，培养与锻炼学生的系统思维和综合解决问题的能力？

其二，如何将教学资源与信息技术进行有效整合，提升学生的学习兴趣？

参考文献

[1] 技术课程标准研制组. 普通高中技术课程标准（实验）解读. 武汉：湖北教育出版社，2009.

[2] 牟其善. 走进高中通用技术教学现场. 北京：首都师范大学出版社，2011.

[3] 顾建军，段青. 通用技术教学研究与案例. 北京：高等教育出版社，2007.

[4] 顾建军. 理解与实践通用技术新课程：与通用技术教师的对话. 北京：高等教育出版社，2010.

[5] 博赞. 思维导图. 叶刚，译. 北京：中信出版社，2009.

[6] 巴洛赫. 合作课堂：让学习充满活力. 曾守锤，刘华清，译. 上海：华东师范大学出版社，2005.

[7] 韩吉东. 合作学习中的100个问题. 青岛：青岛出版社，2009.

[8] 顾建军. 高中通用技术教学参考书. 南京：江苏教育出版社，2004.

[9] 刘琼发. 通用技术（必修2）：技术与设计2. 广州：广东科技出版社，2004.

[10] 于作忠. 系统思维的理性与趣味. 北京：线装书局，2008.